Rucola & Bärlauch

Gruppenbild mit Dame: die Autorin Gertrud Weidinger im Kreise der Küchenmannschaft des ArabellaSheraton-Hotels Westpark, München.

Gertrud Weidinger

und Peter Brunner

Rucola & Bärlauch

Die besten Rezepte

Weltbild

Inhalt

Inhalt

Kulinarische Frühlingsgefühle

Kaum ist der Schnee geschmolzen, spitzen im Februar bereits zwei Würzkräuter aus der kalten Erde, die auch bei uns immer beliebter werden: Bärlauch und Rucola. Die beiden sorgen bei ihrer ständig wachsenden Gemeinde von Liebhabern für fantasiereiche und immer neue kulinarische Genüsse. Und ganz nebenbei machen sie bärenstark, entschlacken den müden Organismus und wecken Frühlingsgefühle. Wen wundert's, dass die Frühlingsküche ohne sie nicht mehr auskommt?
Die Rezepte in diesem Kochbuch möchten Sie anregen, die beiden althergebrachten würzigen Kräuter in verschiedensten Varianten zu genießen. Bereiten Sie diese Gerichte nach unseren Rezepten zu, oder erfinden Sie neue, eigene Köstlichkeiten, und kitzeln Sie so Ihren Gaumen aus dem Winterschlaf. Das Geschmackserlebnis von Bärlauch und Rucola gibt Ihnen in jedem Fall neuen Schwung für den Start in die grüne Jahreszeit.
Bei der Auswahl der Rezepte habe ich darauf geachtet, dass man die Zutaten überall bekommt. Die Gerichte sind für vier Personen ausgelegt und leicht nachzukochen. Besonders wichtig war mir auch die Harmonie der Aromen: Alle Rezepte bringen den eigenen knoblauchartigen Geschmack des Bärlauchs sowie das nussige Aroma von Rucola besonders heraus.

Meine Koch-Freunde und -Freundinnen und ich haben alle Rezepte mehrfach ausprobiert. Besonders herzlich danke ich meinem Freund Peter Brunner, Küchenchef des »ArabellaSheraton-Hotel Westpark« in München. Er hat für dieses Buch die kulinarischen Höhepunkte geliefert, indem er uns die besten und beliebtesten Bärlauch- und Rucolarezepte aus seiner Feinschmeckerküche verraten hat. Wir haben diese besonderen Schmankerl mit einer Küchenchef-Kochmütze ( ) gekennzeichnet.
Auf den Seiten 10 bis 13 finden Sie einige Foto-Impressionen aus seiner Küche.

Nun wünsche ich Ihnen viele genussvolle Rucola- und Bärlaucherlebnisse und einen kraftvollen Auftakt in den Frühling!

Ihre

Gertrud Weidinger

Werden Sie selbst kreativ, und erfinden Sie neue Rezepte mit Bärlauch und Rucola: Sie könnten ganz einfach damit beginnen, Gerichten, denen noch etwas Schärfe fehlt, etwas Rucola beizufügen und Knoblauch durch Bärlauch zu ersetzen.

Alte Pflanzen neu entdeckt

Bärlauch – Lauch des Bären?

Woher der seltsame Name kommt, ist heute nicht mehr zweifelsfrei zu klären. Allium ursinum, »Lauch des Bären«, ist auch der botanische Name des Krauts. Es heißt, die Pflanze sei das Lieblingsfutter der Bären im Frühling. Das verwundert nicht – gehört Bärlauch doch zu den wenigen sehr früh im Jahr in großen Mengen wuchernden Grünpflanzen: ideal für einen hungrigen Bären nach dem Winterschlaf! Andere Forscher nehmen an, dass diese schon bei den Germanen beliebte Wildlauchart nach dem hoch verehrten germanischen Seelentier, eben dem Braunbären, benannt wurde, der sich auch in einer Waldpflanze verkörpern konnte. Der dritte Erklärungsversuch nimmt an, dass die Pflanze in früheren Jahrhunderten wegen ihrer Blattform »Speerlauch« genannt wurde und dieser Name dann im Lauf der Zeit zu »Bärlauch« wurde.

Hexenkraut und Zaubermittel

Andere Volksnamen deuten schon darauf hin, dass der Bärlauch seit jeher eine geheimnisumwobene Zauberpflanze ist: Hexenzwiebel, Waldknoblauch, Zigeunerlauch heißt er auch. Mancherorts nennt man ihn auch Ramschel (engl.: Ramson) – so in Thüringen, wo man bis heute Ende April das Ramschelfest feiert. Früher sammelte man dabei im Wald Bärlauch, der dann ins Dorf gebracht wurde und die Kraft haben sollte, krankes Vieh zu heilen und gesundes vor Krankheit zu bewahren. Der Zeitpunkt des Sammelns ist sehr wichtig: Es muss unbedingt vor der Walpurgisnacht vom 30. April auf den 1. Mai erfolgen. Dem Bärlauch wurde nämlich die Kraft nachgesagt, Böses fernzuhalten: Wer sich mit der Pflanze die Brust bestreiche, dem könnten die Hexen nichts mehr anhaben, hieß es. In der Walpurgisnacht aber durchstreifen die Hexen den Wald und nehmen manchen Pflanzen ihre magischen Kräfte – so auch dem Bärlauch.

Im Frühjahr sammeln

Nicht nur der Zauberkraft wegen – auch wegen des Geschmacks sollte man den Bärlauch unbedingt sammeln, bevor die weißen Blüten erscheinen. Nach der Blüte vergilbt das Laub sehr schnell. Auch die Bärlauchzwiebeln kann man verzehren; sie sind etwas härter und länglicher als Knoblauchzehen. Allerdings sollte man die Zwiebeln maßvoll sammeln. Denn aus ihnen wächst im nächsten Jahr wieder neues Grün. Reißt man zu viele Zwiebeln aus, schädigt man unter Umständen den Fortbestand der Kolonie.

Rucola und Bärlauch werden meist in Bunden verkauft. Deshalb haben wir uns auch bei den meisten Rezepten in diesem Buch an diese Mengenangabe gehalten. Allerdings sind die im Handel erhältlichen Bunde sehr unterschiedlich groß. Für unsere Rezepte gilt als Faustregel: 1 Bund Rucola wiegt etwa 80–100 Gramm, 1 Bund Bärlauch wiegt 100–150 Gramm.

Da Bärlauch beim Kochen sehr mild wird und viel von seiner Schärfe verliert, dürfen Sie bei gegarten Bärlauchgerichten richtig große Mengen verwenden, ohne dass der Geschmack aufdringlich wird.

Wer einen großen Garten hat, kann versuchen, dort Bärlauch anzusiedeln. Geben Sie dem Bärlauch eine Ecke mit feuchtem Boden unter Laubgehölzen. Lassen Sie die »Bärlauchecke« möglichst ungestört wachsen und bearbeiten Sie den Boden nicht: Bärlauch mag weder gedüngt noch häufig abgemäht oder geharkt werden.

Frisch verwendet

Frische Bärlauchblätter nimmt man als Würzkraut für Salate, Suppen und viele andere Gerichte. Bärlauch kann man für ein bis zwei Tage in ein feuchtes Küchentuch gewickelt im Kühlschrank aufbewahren.

Bärlauch als Heilpflanze

Germanen, Römer, mittelalterliche Heilkundige wie Hildegard von Bingen – alle kannten und lobten den Bärlauch auch als Heilpflanze. Neben größeren Mengen Vitamin C enthält der Wildlauch Flavonoide und Lauchöl, die antibakteriell und desinfizierend wirken. Tee aus frischem Bärlauch hilft dem Darm, besonders bei Blähungen, und beugt Arteriosklerose vor. Außerdem wirken die frischen Blätter appetitanregend, sie stärken den Kreislauf und das Immunsystem.

STECKBRIEF BÄRLAUCH

BOTANISCHER NAME Allium ursinum; andere Namen: Waldknoblauch, Zigeunerlauch, Ramson (englisch), Ail d'ours (französisch).
MERKMALE 20–40 cm hoher Stängel mit zwei lang gestielten lanzettlichen Blättern. Die gesamte Pflanze verströmt einen starken Knoblauchduft.
WACHSTUM Blätter Februar–Mai, Blüten April–Juni.
VORKOMMEN Feuchte Laubwälder; an den Standorten in großen Mengen.
ACHTUNG Die Blätter können mit denen des giftigen Maiglöckchens verwechselt werden. Diese sind aber schmaler und riechen nicht nach Knoblauch.

RUCOLA – URALTE KULTURPFLANZE

Rucola gibt vielen Gerichten noch den richtigen Kick an Schärfe, wenn man ihn fein gehackt vor dem Servieren überstreut – so, wie man sonst etwa Petersilie verwendet.

Rucola war schon im alten Griechenland bekannt. Die Römer nannten die Pflanze »eruca«, daraus wurde italienisch »ruca« und im Lauf der Jahrhunderte die deutsche Bezeichnung Rauke. In Italien und Frankreich bezeichnet man sie heute mit der Verkleinerungsform: »rucola« bzw. »roquette«. Die deutschen Namen Senf- oder Ölrauke weisen schon auf den wichtigsten Inhaltsstoff hin: das Senföl, das für den pfeffrig scharfen Geschmack verantwortlich ist, den wir als Würze so sehr schätzen. Richtig dosiert gibt Rucola vielen Gerichten erst das gewisse Etwas und die pikante Schärfe.

Jederzeit frisch kaufen ...

Nach langen Zeiten, in denen die Rauke bei uns nahezu unbekannt war, haben die deutschen Gourmets die Pflanze vor etwa zehn Jahren auf den italienischen Märkten wiederentdeckt. Seither erfreut sich die Pflanze bei uns steigender Beliebtheit. Dazu kommt, dass sie mittlerweile rund ums Jahr in unseren Supermärkten zu haben ist. Etwas in Verruf geraten ist die Pflanze wegen ihres hohen Nitratgehalts. Nitrat entsteht vor allem im Treibhausanbau, weshalb Rucola in Maßen genossen und vorzugsweise aus Freilandanbau keine gesundheitlichen Risiken birgt.

... oder selbst anbauen

Wer Rucola selbst anbauen möchte, braucht nichts außer einem sonnigen Balkon oder ein Beet und ein Tütchen Samen. Von März bis September kann man Rucola bei uns im Freiland kultivieren. Von der Aussaat bis zum Ernten der ersten zarten Blätter dauert es 10 bis 15 Tage. Säen Sie immer wieder nach, denn sobald die Blüten erscheinen, kann man die Blätter nicht mehr verzehren. Sie werden dann hart und sehr scharf.

STECKBRIEF RUCOLA

NAMEN Echte Rauke: Eruca sativa, Eruca vesicaria ssp.sativa, Rucola cultivata; Wilde Rauke: Diplotaxis tenuifolia, Rucola selvatica. Andere Namen: Senfrauke, Ölrauke, Rocket (englisch), Roquette (französisch).
MERKMALE Eruca vesicaria: 60–100 cm hohe aufrechte einjährige Pflanze mit gezähnten Blättern; cremefarbene vierblättrige Blüten. Feinblättriger ist die Wilde Rauke, ihre Blüten sind blassgelb.
WACHSTUM Im Freiland März–September
VORKOMMEN Nur in kultivierter Form; auch die Wilde Rauke ist eine Kulturpflanze.

Wer Rucola in unseren Breiten selbst anbauen möchte, sollte bis etwa Mitte Mai mit Nachtfrost rechnen und die zarten Pflänzchen im Frühbeet heranziehen. Auf dem sonnigen Balkon reicht in kalten Nächten eine Tomatenhaube oder eine selbst gemachte Abdeckung, zum Beispiel aus einer Plastiktüte.

BÄRLAUCH UND RUCOLA KONSERVIEREN

Leider dauert die »Bärlauchjahreszeit« nur einige Wochen. Hier folgen deshalb einige Tipps, wie Sie die Bärlauchzeit verlängern können. Alle diese Tipps sind natürlich genauso gut für Rucola geeignet, auch wenn dieser inzwischen ganzjährig auf unseren Märkten zu bekommen ist.

Auf erstklassige und frische Ware achten

Wickeln Sie die Blätter möglichst rasch in ein feuchtes Geschirrtuch. Sollten Sie die Blätter noch am selben Tag verwenden, legen Sie sie nicht mehr in den Kühlschrank – der Geschmack leidet darunter.

Bärlauch und Rucola einfrieren

Die Blätter kalt waschen, kurz auf ein Tuch auslegen, danach mit einer Schere in feine Streifen schneiden (damit die ätherischen Öle erhalten bleiben), auf einer Platte ausgebreitet für etwa 10 Minuten anfrosten, dann in eine verschließbare Box umfüllen.

Seite 10–14: Impressionen aus der Küche des ArabellaSheraton-Hotels Westpark, München: Frische Zutaten, perfekte Technik, Liebe zum Detail und Spaß an der Arbeit sind die Garantie für zufriedene Gäste.

Fingerfood & Salate

Häppchen und Vorspeisen

»Kommt doch auf ein Glas Wein vorbei« – wie schön, wenn Freunde zu Besuch sind! Die Begleitung zum Wein finden Sie auf den nächsten Seiten: Feine Cremes aufs Brot oder solo und pikante Häppchen, die schnell gemacht sind und allen schmecken: Windbeutelchen mit Bärlauch-Ricotta-Creme, Teigschnecken mit Pesto oder Gebackene Oliven. Fürs Sommernachtsbüffet gibt es Salate und italienisch inspirierte Kreationen, die uns vom Urlaub träumen lassen …

Bärlauch-Quark-Creme

ZUTATEN

- *250 g Magerquark*
- *2 EL saure Sahne*
- *1 TL Zitronensaft*
- *Salz, Pfeffer*
- *Senf*
- *Zucker*
- *1/2 Bund Bärlauch*

1 Magerquark und saure Sahne verrühren. Mit Zitronensaft, Salz, Pfeffer, Senf und einer Prise Zucker abschmecken.

2 Bärlauch waschen, trockentupfen und sehr fein schneiden oder hacken. Die Bärlauchblätter unter den Quark ziehen und die Creme noch einmal abschmecken.

TIPPS

- Diese Creme schmeckt vorzüglich auf kräftigem Vollkornbrot oder auch einfach zu Pellkartoffeln.
- Wer Bärlauchplätze kennt, kann diese Creme auch im Herbst zubereiten: mit den ausgegrabenen Bärlauchzwiebeln anstelle der Bärlauchblätter!

Bärlauch-Frischkäse

ZUTATEN

- *1/2 Bund Bärlauch*
- *1 Zwiebel*
- *250 g Frischkäse*
- *1 EL Hefeflocken*
- *Salz, Pfeffer*
- *Eventuell etwas Milch*

1 Bärlauch waschen, trockentupfen und sehr fein hacken. Zwiebel abziehen und fein hacken.

2 Alle Zutaten vermengen. Ist die Mischung zu trocken, eventuell etwas Milch zugeben und cremig rühren.

TIPP Mit schwarzen Oliven und einigen Gurkenscheiben dekoriert, findet diese leckere Frischkäse-Zubereitung ihren Platz an einem rustikalen Buffet. Sie schmeckt übrigens auch ganz ausgezeichnet mit einem würzigen Ziegenfrischkäse!

BÄRLAUCH-SCHAFSKÄSE-AUFSTRICH

ZUTATEN
- *$^1/_2$ Bund Bärlauch*
- *200 g Schafskäse*
- *2 EL Olivenöl*
- *1 TL Zitronensaft*
- *Eventuell Salz*

1 Bärlauch waschen, trockentupfen und sehr fein hacken oder wiegen.

2 Den Schafskäse fein zerbröseln und mit Bärlauch, Olivenöl und Zitronensaft zu einem glatten Aufstrich verrühren.

3 Eventuell mit etwas Salz abschmecken (Vorsicht! Schafskäse ist oft sehr salzig, sodass zusätzliches Salz nicht nötig ist.)

TIPP Dazu braucht der Genießer nur frisches Brot und ein Glas Rotwein.

BÄRLAUCH-KNOBLAUCH-DIP

ZUTATEN
- *$^1/_2$ Bund Bärlauch*
- *2 Eier*
- *1 Gewürzgurke*
- *1 kleine Zwiebel*
- *3 Knoblauchzehen*
- *4 EL Jogurt*
- *4 EL Mayonnaise*
- *Salz, Pfeffer*
- *1 EL Senf*
- *2 EL Zitronensaft*

1 Bärlauch waschen, trockentupfen und sehr fein hacken oder wiegen. Die Eier 8 Minuten kochen lassen und dann unter kaltem Wasser abschrecken.

2 Gewürzgurke, abgezogene Zwiebel und gepellte Eier fein hacken.

3 Die Knoblauchzehen abziehen und durch die Presse drücken.

4 Mayonnaise und Jogurt verrühren und mit den vorbereiteten Zutaten mischen.

5 Den Dip salzen, pfeffern und mit Senf und Zitronensaft abschmecken.

TIPP Dieser kräftige Dip passt gut zu Fleischfondue, gegrilltem Fleisch, Fisch (z.B. Makrele) und Gemüse oder ganz einfach zu geröstetem Schwarzbrot!

SCHINKENROLLE MIT BÄRLAUCH-SAHNE-CREME

ZUTATEN
- *$^1/_8$ l Sahne*
- *Salz, Pfeffer*
- *Etwas Zitronensaft*
- *5 Bärlauchblätter*
- *4 Scheiben roher oder gekochter Schinken*

1 Die Sahne sehr steif schlagen und mit Salz, Pfeffer und Zitronensaft abschmecken. Den Bärlauch waschen und fein wiegen. Dann bis auf 1 Teelöffel unter die Sahne ziehen.

2 Die Creme auf den Schinkenscheiben verteilen, die Schinkenscheiben aufrollen und mit dem Rest des gewiegten Bärlauchs bestreuen.

WINDBEUTEL MIT BÄRLAUCH-RICOTTA-CREME

ZUTATEN

Für den Teig

- *30 g Butter*
- *1 Prise Salz*
- *75 g gesiebtes Mehl*
- *$^1/_2$ TL Backpulver*
- *2 Eier*
- *Eventuell einige Bärlauchblätter (siehe Tipp)*

Für die Füllung

- *1 unbehandelte Zitrone*
- *100 g Ricotta*
- *$^1/_2$ Bund Bärlauch*
- *Salz, Pfeffer*
- *Tabasco*
- *200 g Sahne*

1 Für die Windbeutel Butter mit $^1/_8$ Liter Wasser und Salz aufkochen, bis die Butter schmilzt. Den Topf von der Herdplatte ziehen, Mehl und Backpulver auf einmal in den Topf schütten und sofort kräftig verrühren.

2 Auf der ausgeschalteten, noch heißen Herdplatte weiterrühren, bis ein weißlicher Belag den Topfboden überzieht. Topf vom Herd ziehen und den Teig etwas auskühlen lassen.

3 Die Eier verquirlen und nach und nach darunter rühren, bis die Masse glänzt und fest wird.

4 Den Backofen auf 175 °C (Umluft 155 °C, Gas Stufe 2) vorheizen. Ein Backblech mit Backpapier belegen und im Abstand von 4 Zentimetern je 1 Esslöffel Teig auf das Blech geben. Die Teighäufchen 15 Minuten kalt stellen.

5 Die Windbeutel auf der unteren Schiene des Backofens 15 Minuten backen. Die Temperatur auf 200 °C (Umluft 180 °C, Gas Stufe 3) erhöhen und weitere 15 bis 20 Minuten backen. Den Ofen ausschalten und die Windbeutel bei geöffneter Ofentür noch weitere 5 Minuten nachbacken lassen. Die Windbeutel vom Blech nehmen und auf einem Kuchengitter vollständig erkalten lassen.

6 Für die Füllung die Zitronenschale abreiben und den Saft auspressen. Den Bärlauch waschen, trockentupfen und sehr fein schneiden.

7 Ricotta mit Bärlauch zu einer cremigen Masse rühren. Die Füllung mit Salz, Pfeffer, Zitronenschale, einigen Spritzern Zitronensaft und etwas Tabasco abschmecken.

8 Die Sahne sehr steif schlagen und unter die Creme ziehen. Die ausgekühlten Windbeutel mit einer Schere waagrecht aufschneiden und mit der Bärlauch-Ricotta-Creme füllen.

TIPPS

- Wer den Bärlauchgeschmack bereits im Windbeutelteig haben möchte, mischt unter das Mehl für die Windbeutel einige sehr fein geschnittene Bärlauchblätter.
- Backen Sie lieber kleinere und dafür mehr Windbeutel! Das sieht hübscher aus und lässt sich besser verzehren: Bei zu groß geratenen Windbeuteln kleckert die Füllung beim Essen aus der Hand.

ZUTATEN
- *250 g Blätterteig (TK)*
- *1 kleines Glas Bärlauch- oder Rucolapesto (Rezepte ➽ S. 85, 89)*
- *1 Eigelb*
- *50 g Parmesan*

Teigschnecken mit Bärlauch- oder Rucolapesto

1 Die Teigplatten nach Packungsanweisung auftauen lassen. Den Backofen auf 200 °C (Umluft 180 °C, Gas Stufe 3) vorheizen. Ein Backblech mit Backpapier belegen. Jede Teigplatte auf ein Rechteck von etwa 15 × 20 Zentimeter ausrollen. Die Ränder gerade schneiden.

2 Die Teigplatten mit Bärlauchpesto bzw. Rucolapesto gleichmäßig dünn bestreichen. Ringsherum jeweils 1 Zentimeter frei lassen. Die Längsseiten von rechts und links zur Mitte hin fest aufrollen. Die beiden Rollen treffen sich in der Mitte.

3 Das Eigelb mit 1 Esslöffel Wasser verquirlen und die Schnecken mit dieser Mischung bestreichen. Die Rollen mit einem sehr scharfen Messer in 1 Zentimeter dicke Scheiben schneiden und diese auf das mit Backpapier belegte Blech legen.

4 Das Blech in den vorgeheizten Backofen schieben und die Schnecken 10 Minuten backen, bis sie an den Rändern leicht gebräunt sind.

5 In der Zwischenzeit den Parmesan reiben. Die Schnecken aus dem Ofen nehmen und sofort mit geriebenem Parmesan bestreuen. Warm servieren.

TIPP Verwenden Sie für dieses Rezept unbedingt Pesto, das Käse enthält, oder geben Sie dem Pesto einfach noch geriebenen Parmesan zu!

ZUTATEN
- *Einige Bärlauch- oder Rucolablätter*
- *24 große grüne Oliven ohne Stein*
- *24 Scheiben hauchdünn geschnittener Räucherspeck*
- *Olivenöl für die Form*

Gebackene Oliven mit Bärlauch oder Rucola gefüllt

1 Den Backofen auf 180 °C (Umluft 160 °C, Gas Stufe 2) vorheizen. Bärlauch oder Rucola waschen, trockentupfen und sehr fein schneiden. Jede Olive mit etwas geschnittenem Bärlauch füllen und mit einer Scheibe Speck umhüllen.

2 Jeweils 3 Oliven auf einen Zahnstocher spießen, sodass insgesamt 8 Olivenspießchen entstehen.

3 Die Spieße in eine leicht geölte flache feuerfeste Form legen und 5 bis 7 Minuten

im vorgeheizten Backofen garen. Die Oliven von den Speckscheiben befreien und sofort auf einem vorgewärmten Teller servieren.

TIPPS

- Das Fett, das beim Braten aus dem Speck austritt, gibt den Oliven einen unnachahmlichen Geschmack.
- Für den, der's deftig liebt, stellen Sie die abgelösten knusprigen Speckscheiben auf einem Extrateller neben die Oliven.
- Die Oliven eignen sich gut als kleine Beigabe zum Aperitif – hervorragend zum Beispiel zu einem trockenen Sherry. Genauso gut schmecken sie aber auch zu einem gut gekühlten Glas Sekt.

GEBACKENE BÄRLAUCH- UND RUCOLABLÄTTER

ZUTATEN

- *30 Bärlauch- und Rucolablätter, gemischt*
- *125 g Mehl*
- *1/2 Tasse Weißwein oder Bier*
- *Salz*
- *2 Eier*
- *Frittierfett oder Butterschmalz zum Ausbacken*

1 Die Blätter waschen und trockentupfen. Rucolablätter vom groben Stiel befreien, Bärlauchblätter je nach Größe halbieren oder dritteln. Die Blätter nebeneinander zum Abtrocknen auf einem Tuch ausbreiten.

2 In der Zwischenzeit den Ausbackteig zubereiten. Das Mehl in eine Schüssel sieben und mit Wein oder Bier zu einem glatten Teig verrühren. Eine Prise Salz zugeben.

3 Die Eier trennen. Das Eigelb unter den Teig rühren, das Eiweiß steif schlagen und vorsichtig unter den Teig heben.

4 Das Fett in einem hohen Topf auf etwa 180 °C erhitzen. Das Fett ist heiß genug, wenn am Stiel eines in das Fett gehaltenen hölzernen Kochlöffels Bläschen aufsteigen.

5 Rucola- und Bärlauchblätter nacheinander durch den Teig ziehen und portionsweise im Fett schwimmend goldbraun ausbacken. Fertige Blätter auf Küchenpapier abtropfen lassen und möglichst frisch servieren.

TIPPS

- Zum Ausbacken muss nicht unbedingt eine Fritteuse verwendet werden, ebenso gut geht es in einem Topf, in dem das Fett mindestens 2 Zentimeter hoch steht. Bitte beachten Sie: Kein Wasser ins heiße Fett bringen! Spritzgefahr!
- Je nachdem, welches Getränk Sie dazu servieren, bereiten Sie einen Weinteig oder einen Bierteig zum Ausbacken, damit der Geschmack harmoniert.
- Als würzige Ergänzung passt hervorragend der Bärlauch-Knoblauch-Dip von Seite 17.

RUCOLA-GUACAMOLE

ZUTATEN
- *1 Zitrone*
- *2 reife Avocados*
- *1 Bund Rucola*
- *4–5 Knoblauchzehen*
- *5 EL saure Sahne*
- *Salz, Pfeffer*
- *Tabasco*

1 Die Zitrone auspressen. Die Avocados schälen, den Kern entfernen und das Fleisch mit einer Gabel fein zerdrücken. Das Avocadopüree sofort mit etwas Zitronensaft beträufeln.

2 Rucola verlesen und die Stiele entfernen. Rucola waschen, trockentupfen und ganz fein schneiden. Die Knoblauchzehen abziehen und durch die Presse drücken.

3 Alle vorbereiteten Zutaten gut miteinander verrühren und die Mischung mit Salz, Pfeffer, Zitronensaft und etwas Tabasco abschmecken.

TIPPS

- Guacamole sollte nicht zu weich sein!
- Guacamole eignet sich nicht fürs lange Stehen auf einem Buffet! Schon nach kurzer Zeit verfärbt sich die Avocado trotz des Zitronensafts grau und sieht dann nicht mehr appetitlich aus.
- Diese Sauce aus Südamerika schmeckt ausgezeichnet als Dip zu gegrilltem Fleisch, zu rohem Gemüse und mit Maischips!

MOZZARELLA MIT RUCOLA-OLIVEN-PASTE

ZUTATEN
- *1 1/2 Bund Rucola*
- *Einige Stängel Basilikum*
- *150 g schwarze Oliven ohne Stein*
- *2-3 EL Olivenöl*
- *2 Kugeln Mozzarella (à 125 g)*
- *Salz, Pfeffer*
- *1 kleine Gärtnergurke*
- *Einige Cocktailtomaten*

1 Rucola und Basilikum waschen, trockentupfen und sehr fein schneiden. Vom Basilikum einige Blättchen zum Dekorieren zurückbehalten!

2 Oliven ebenfalls ganz fein hacken und mit den geschnittenen Rucola- und Basilikumblättchen verrühren.

3 Olivenöl dazugeben und die Mischung mit dem Stabmixer zu einer Paste verarbeiten. Mit Salz und Pfeffer abschmecken.

4 Mozzarella in Scheiben schneiden. Rucola-Oliven-Paste darauf verteilen.

5 Gurke und Cocktailtomaten waschen und trockentupfen. Gurke in dickere Scheiben schneiden.

6 Die Mozzarellascheiben auf einer Servierplatte dekorativ anrichten. Mit je 1 Scheibe von der Gärtnergurke und 1 Basilikumblatt garnieren. Dazwischen als rote Tupfer die Cocktailtomaten verteilen.

ITALIENISCHES BÄRLAUCH-TÜRMCHEN

ZUTATEN
- 3–4 Eiertomaten
- 1/2 Salatgurke
- 4 Kugeln Büffelmozzarella (à 125 g)
- Bärlauchpesto (Rezepte ➻ S. 85)
- Salz, Pfeffer

1 Tomaten und Gurke waschen und von den Stielansätzen befreien. Die Gurke je nach Geschmack schälen oder mit der Schale verarbeiten. Tomaten und Gurke jeweils in 8 fingerdicke Scheiben schneiden. Jede Mozzarellakugel in 6 dünne Scheiben schneiden.

2 Nach folgendem Muster acht Türmchen aufbauen:1 Scheibe Mozzarella auf einen Teller legen und mit etwas Bärlauchpesto bestreichen, 1 Scheibe Eiertomate, wieder etwas Bärlauchpesto, 1 Scheibe Mozzarella, etwas Bärlauchpesto, 1 Scheibe Gurke, etwas Bärlauchpesto, abschließend 1 Scheibe Mozzarella.

3 Die Türmchen mit Klarsichtfolie abdecken und 10 Minuten im Kühlschrank ziehen lassen.

4 Zum Servieren jeweils zwei Türmchen pro Person auf Portionstellern arrangieren und die Türmchen mit je einer Prise Salz und frisch gemahlenem Pfeffer bestreuen. Eventuell noch mit einem Klecks Bärlauchpesto verzieren.

TIPP Mit einem Schaschlikspieß versehen und von einer schwarzen Olive gekrönt, eignen die Türmchen sich fürs Buffet beim Grillfest oder der Sommernachtsparty.

»DER KLEINE ITALIENER« À LA PETER

ZUTATEN
- 200 g Rucola
- 200 g Cocktailtomaten
- 2 Kugeln Mozzarella (à 125 g)
- Balsamicoessig
- Olivenöl
- Salz
- Zucker
- 80 g Parmesan

1 Rucola waschen und die groben Stiele entfernen. Cocktailtomaten waschen und vierteln. Mozzarella in Stückchen schneiden und mit Rucola und Tomatenvierteln mischen.

2 Balsamicoessig, Olivenöl, Salz und Zucker sowie etwas lauwarmes Wasser mit einem Schneebesen kräftig verrühren und über den Salat geben.

3 Den Salat 5 Minuten ziehen lassen. Parmesan dünn hobeln und zum Servieren über den Salat streuen.

TIPPS
- Sehr fein schmeckt der Salat auch mit gerösteten Pinienkernen bestreut! Dafür die Pignoli in der trockenen Pfanne ohne Fett goldgelb rösten.
- Köstlich dazu ist warmes Knoblauchbrot!

STAUDENSELLERIE-PFIRSICH-SALAT MIT RUCOLA

1 Alle Zutaten für das Dressing kräftig verrühren.

2 Haselnüsse grob hacken. Sellerie und Pfirsiche waschen, trockentupfen und in 1 Zentimeter große Würfel schneiden.

3 Rucola waschen und trockentupfen. Stiele entfernen und Blätter in mundgerechte Stücke schneiden. Tomaten waschen, achteln und die Achtel nochmals halbieren. Die Zwiebel abziehen und fein hacken.

4 Salatzutaten mit dem Dressing mischen und mit den Haselnüssen bestreuen.

TIPP Dieser herrlich frisch und fruchtig schmeckende Salat ist ganz nebenbei auch noch außerordentlich gesund. Die vielen Biostoffe aus den bunten Gemüsen und Früchten werden aufs Vorteilhafteste ergänzt durch die wertvollen Fettsäuren in Haselnüssen und Nussöl. Probieren Sie den Salat auch einmal mit Walnüssen oder Erdnusskernen!

ZUTATEN
- *30 g Haselnüsse*
- *250 g Staudensellerie*
- *300 g Pfirsiche*
- *1 Bund Rucola*
- *150 g Tomaten*
- *1 kleine Zwiebel*

Für das Dressing
- *120 g Jogurt*
- *1 TL Senf*
- *3 EL Haselnussöl*
- *3 EL Rotweinessig*
- *1/2 TL Honig*
- *Salz, Pfeffer*
- *Zitronensaft*

GEEISTE MELONE AUF RUCOLASALAT

1 Den Backofen auf 220 °C (Umluft 200 °C, Gas Stufe 4) vorheizen. Das Baguette der Länge nach halbieren und mit der Rucolabutter bestreichen. Das Brot wieder zusammensetzen, in vier Teile vor-, aber nicht ganz durchschneiden und mit Alufolie umwickeln. Das Brot im vorgeheizten Ofen 10 Minuten backen.

2 Den Käse dünn hobeln. Die Melone halbieren, entkernen und in dünne Spalten schneiden. Rucola waschen, trockentupfen und grobe Stiele entfernen.

3 Melonenspalten, Gouda und Rucola auf Portionstellern anrichten. Unmittelbar vor dem Servieren alles mit Olivenöl und Essig beträufeln und mit Salz und Pfeffer würzen. Das Baguette in vier Stücke schneiden und dazu reichen.

TIPP Als Getränk passt dazu natürlich ein Glas Sekt oder ein leichter Weißwein. Besonders sommerlich schmeckt ein fruchtiger Drink aus 1 Esslöffel Holunderblütensirup oder Waldmeistersirup, den man mit eisgekühltem Sekt aufgießt.

ZUTATEN
- *1 Baguette*
- *1 Rezept Rucolabutter* *(Rezept ➸ Seite 89)*
- *120 g alter Gouda*
- *1 Charantais-Melone (Cantaloupe), gut gekühlt*
- *2 Bund Rucola*
- *Olivenöl*
- *Weißer Balsamicoessig*
- *Salz, Pfeffer*

Rucolasalat mit Himbeerdressing

ZUTATEN
- *2 Bund Rucola*
- *40 g Walnusskerne*

Für das Dressing
- *150 g Himbeeren (TK)*
- *100 ml milder, neutraler Essig (z.B. Obstessig)*
- *100 ml neutrales Pflanzenöl (z. B. kalt gepresstes Sonnenblumenöl)*
- *2 EL Nussöl*
- *Salz, Pfeffer*
- *Zucker*

1 Zunächst das Dressing zubereiten. Die aufgetauten Himbeeren mit Essig, den Ölen, etwas Salz, 2 Esslöffeln Zucker und etwas Pfeffer in ein hohes Gefäß geben.

2 Die Mischung mit dem Mixstab fein pürieren und abschmecken, eventuell ein wenig Wasser zugeben. Das Dressing soll einen milden, fruchtigen Geschmack haben, damit das feine, nussige Aroma des Rucola gut zur Geltung kommen kann.

3 Rucola waschen und trockentupfen. In einer Schüssel mit dem Dressing mischen und vor dem Anrichten kurze Zeit durchziehen lassen. In der Zwischenzeit die Walnusskerne grob hacken.

4 Die Blätter einzeln sternförmig auf Portionstellern anrichten. Mit einem Löffel noch einzelne Tupfen vom Dressing auf den Salat geben. Die kräftig roten Farbkleckse sehen sehr dekorativ aus! Die gehackten Walnusskerne darüber streuen.

TIPP Dieser fruchtig-nussige Salat lässt sich hervorragend kombinieren mit geräucherter Enten- oder Gänsebrust, aber auch mit hauchdünn geschnittenem Wildschinken von Reh, Hirsch oder Wildschwein. Als Begleitung servieren Sie möglichst hausgemachte kleine Brötchen – und Sie haben eine perfekte Vorspeise für ein exquisites Menü. Als Getränk empfehlen wir dazu einen leichten Rosé.

Frühlingssalat mit Wildkräutern

ZUTATEN
- *100 g Rucola*
- *100 g Feldsalat*
- *200 g Wildkräuter*
- *4 Eier*
- *50 g Walnusskerne*
- *1 EL Balsamicoessig*
- *2 EL Sonnenblumenöl*
- *1 Prise Zucker*
- *Salz, Pfeffer*
- *50 g Sonnenblumenkerne*

1 Rucola, Feldsalat und Wildkräuter sorgfältig verlesen. Die Blättchen mehrmals gründlich waschen, trockenschleudern und vorsichtig in mundgerechte Stückchen zupfen.

2 Die Eier in etwa 8 Minuten hart kochen. Kalt abschrecken, schälen und in nicht allzu kleine Stückchen schneiden.

3 Walnusskerne hacken. Essig, Öl, Zucker, Salz und Pfeffer verrühren und mit Salat und Wildkräutern mischen. Eier, Nüsse und Kerne darüber streuen.

TIPP Nehmen Sie für diesen vitaminreichen Salat die ersten zarten Blättchen von Vogelmiere, Schafgarbe, Gänseblümchen oder Giersch.

RUCOLA-SPINAT-SALAT

ZUTATEN
- *125 g Rucola*
- *125 g Spinat*
- *1 rote Paprikaschote*
- *2 Frühlingszwiebeln*

Für das Dressing
- *1 Prise Salz*
- *1 TL Honig*
- *1 TL Senf*
- *2 EL Obstessig*
- *1–2 Knoblauchzehen*
- *4 EL Sonnenblumenöl*

1 Rucola und Spinat verlesen, waschen und die groben Stiele entfernen. Paprikaschote waschen, putzen und fein würfeln. Frühlingszwiebeln waschen und in feine Ringe schneiden.

2 Die Zutaten für das Dressing verquirlen und in einer großen Schüssel locker mit dem Salat vermengen. Sofort servieren. Der Salat sollte nicht längere Zeit stehen, weil die zarten Spinatblätter schnell zusammenfallen.

TIPP Der Salat schmeckt auch gut mit gerösteten Sonnenblumenkernen! Sie werden erst kurz vor dem Servieren über den Salat gestreut.

BÄRLAUCH-RUCOLA-SALAT MIT SAHNEDRESSING

ZUTATEN
- *2 Eier*
- *1 Bund Bärlauch*
- *1 1/2 Bund Rucola*
- *1 Möhre*
- *1 Bund Radieschen*
- *1 Zwiebel*
- *100 g würziger Hartkäse (Bergkäse, Höhlenkäse etc.)*

Für das Dressing
- *150 g saure Sahne*
- *Milch*
- *Saft von 1/2 Zitrone*
- *Salz, Pfeffer*
- *Paprikapulver rosenscharf*

1 Die Eier in etwa 8 Minuten hart kochen. Abschrecken und abkühlen lassen.

2 Die saure Sahne mit etwas Milch und Zitronensaft glatt rühren. Mit Salz, Pfeffer und Paprikapulver pikant würzen.

3 Rucola und Bärlauch waschen, trockentupfen und in mundgerechte Stücke zupfen. Auf Portionstellern anrichten.

4 Möhre schälen und grob raspeln. Radieschen säubern und in feine Scheiben schneiden. Zwiebel abziehen und in dünne Ringe schneiden. Alles locker auf dem Bärlauch-Rucola-Bett verteilen.

5 Die Eier pellen. Eier und Hartkäse würfeln, mischen und über den Salat streuen. Mit Dressing beträufeln.

TIPP Noch nussiger schmeckt der Rucolasalat mit Sesam: Rösten Sie in einer trockenen Pfanne 4 Esslöffel Sesamsamen, und bestreuen Sie damit den fertigen Salat!

RUSTIKALER BÄRLAUCHSALAT MIT KARTOFFELDRESSING

1 Für das Dressing die Kartoffeln schälen und in Würfel schneiden. Nach dem Schälen sollten 250 Gramm Kartoffeln übrig bleiben. Die Kartoffelwürfel in wenig Salzwasser weich kochen.

2 In der Zwischenzeit Petersilie waschen, trockentupfen und fein hacken. Zwiebel abziehen und würfeln. Speck und Toastbrot ebenfalls würfeln. Tomaten waschen, vom Stielansatz und von den Kernen befreien. Das Fruchtfleisch ebenfalls in kleine Würfel schneiden.

3 Die Kartoffeln abgießen und heiß in eine hohe Schüssel geben. Mit Essig, Öl , der Petersilie und der Hälfte der Zwiebelwürfel verrühren. Die Mischung mit dem Mixstab etwas zerkleinern, sodass ein sämiges Dressing entsteht (1 Esslöffel davon zurükkbehalten). Kräftig mit Salz und Pfeffer abschmecken.

4 Ein wenig Pflanzenöl in einer Pfanne erhitzen. Die Speckwürfel zugeben und leicht anbraten, bis sie Farbe bekommen. Restliche Zwiebelwürfel und die Toastbrotwürfel zugeben und alles zusammen goldbraun rösten.

5 Bärlauchblätter waschen und trockentupfen. Mit etwas Dressing marinieren und auf Tellern anrichten. Mit einem Löffel noch etwas Dressing darüber träufeln und den Salat mit dem gerösteten Speck-Brot-Gemisch und den Tomatenwürfeln garnieren.

ZUTATEN

- *150 g Bärlauch*
- *100 g geräucherter, durchwachsener Speck*
- *4 Scheiben Toastbrot*
- *4 Tomaten*

Für das Dressing

- *150 g Kartoffeln*
- *Salz*
- *1/2 Bund Petersilie*
- *1 kleine Zwiebel*
- *1/2 Tasse heller Essig (z. B. Obstessig)*
- *1 1/2 Tassen neutrales Pflanzenöl (z. B. Sonnenblumenöl)*
- *Pfeffer*

RUCOLA-KARTOFFEL-SALAT MIT FEINEM SCHAFSKÄSE

1 Kartoffeln in kochendem Wasser 25 Minuten garen. Abgekühlt schälen und in Scheiben schneiden. Rucola waschen, trockentupfen und in mundgerechte Stücke zupfen.

2 Zwiebeln abziehen und in feine Ringe, Schafskäse in Würfel schneiden. Aus den restliche Zutaten eine Marinade rühren und mit den Kartoffeln mischen. Zwiebeln, Schafskäse und Rucola unterheben.

ZUTATEN

- *750 g fest kochende Kartoffeln*
- *250 g Rucola*
- *2 rote Zwiebeln*
- *300 g schnittfester Schafskäse*
- *2 EL eingelegte Kapern*
- *5 EL Olivenöl*
- *4 EL Weißweinessig*
- *Salz, Pfeffer*

Warmer Spargelsalat mit Bärlauch-Kresse-Dressing

Zutaten
- *500 g Spargel*
- *Salz*
- *Zucker*
- *Butter*

Für das Dressing
- *1 Kästchen Kresse*
- *1 Bund Bärlauch*
- *3 EL trockener Weißwein*
- *2 EL Weinessig*
- *100 ml neutrales Öl (z. B. Sonnenblumenöl)*
- *5 Blätter Zitronenmelisse*
- *Salz, Pfeffer*
- *Zucker*

1 Spargel schälen und die holzigen Enden abschneiden. Spargel in reichlich Salzwasser mit einer Prise Zucker und etwas Butter bissfest garen. Wenn Sie eine Spargelstange mit einer Gabel herausheben, soll sie sich gerade leicht durchbiegen.

2 Für das Dressing 3 Esslöffel Kresse mit der Schere abschneiden. Bärlauch waschen und trockentupfen. Einige Bärlauchblätter für die Garnitur beiseite legen, den Rest fein schneiden und zusammen mit der Kresse in einen Mixbecher geben.

3 Wein und Essig zugeben und alles mit dem Mixstab pürieren. Während des Pürierens das Öl in dünnem Strahl einfließen lassen. Das Dressing mit Salz, Pfeffer und Zucker abschmecken.

4 Spargel auf Portionstellern anrichten. Dressing darüber träufeln und mit der restlichen Kresse und den zurückbehaltenen Bärlauchblättern garnieren. Warm servieren.

TIPP Dazu schmeckt ein frisches Baguette.

Rucolasalat mit Erdbeeren, Spargel und Ziegenkäse

Zutaten
- *200 g grüner Spargel*
- *Salz, Zucker*
- *Butter*
- *2 Bund Rucola*
- *200 g Erdbeeren*
- *200 g eingelegte Ziegenkäsewürfel*

Für das Dressing
- *1/2 Knoblauchzehe*
- *4 EL Olivenöl*
- *4 EL Balsamicoessig*
- *50 ml Prosecco*
- *Pfeffer*

1 Spargel waschen und die Enden abschneiden. Spargel in 5 Zentimeter lange Stücke schneiden und in reichlich Wasser mit etwas Salz, Zucker und Butter bissfest garen.

2 Für das Dressing die Knoblauchzehe durchpressen. Mit dem Mixstab aus Knoblauch, Öl, Essig, Prosecco, Salz und Pfeffer eine sämige Marinade bereiten.

3 Rucola waschen, putzen und trockentupfen. Erdbeeren waschen und vierteln. Ziegenkäsewürfel gut abtropfen lassen. Rucola auf Portionstellern anrichten. Erdbeeren und Spargel locker darauf legen. Mit dem Dressing beträufeln.

TIPP Statt der eingelegten Ziegenkäsewürfel können Sie auch Scheiben von der Ziegenkäserolle verwenden.

Rucola-Feinschmeckersalat mit Roastbeef

Zutaten

- *50 g Parmesan*
- *4 EL Walnusskerne*
- *2 Bund Rucola*
- *1 Bund glatte Petersilie*
- *Einige Blätter Kopfsalat*
- *400 g Roastbeef in dünnen Scheiben*

Für das Dressing

- *1 Schalotte*
- *1 TL geriebener Meerrettich (aus dem Glas)*
- *1 TL Senf*
- *2 EL Balsamicoessig*
- *2 EL Weißweinessig*
- *5 EL natives Olivenöl*
- *Salz, Pfeffer*

1 Für das Dressing die Schalotte fein würfeln und mit Meerrettich, Senf und Essig in einen Mixbecher geben.

2 Die Mischung mit dem Mixstab aufschlagen und das Olivenöl dabei langsam zufließen lassen. Das Dressing soll eine relativ feste Konsistenz haben. Mit Salz und Pfeffer abschmecken.

3 Den Parmesan in dünne Späne hobeln. Die Walnusskerne hacken. Rucola und Petersilie waschen, trockentupfen und von den Stielen befreien. Petersilie fein schneiden. Kopfsalat waschen und trockentupfen.

4 Rucola, Kopfsalat und etwas Petersilie dekorativ auf großen Tellern anrichten. Die Roastbeefscheiben locker in die Mitte auf das Grün legen. Das Fleisch und den Salat nach Geschmack mit dem Dressing beträufeln.

5 Gehobelten Parmesan, gehackte Nüsse und die restliche Petersilie darüber streuen. Sofort servieren!

TIPP Statt mit Roastbeef schmeckt dieser Salat auch mit Bündner Fleisch oder gepökelter und geräucherter Kalbs- oder Rinderzunge.

Rucola-Artischocken-Salat mit Lachs

Zutaten

- *50 g Pinienkerne*
- *4 Tomaten*
- *Etwas Basilikum und Thymian*
- *1 Knoblauchzehe*
- *2 Bund Rucola*
- *4 Scheiben Lachsfilet*
- *Salz, Pfeffer*
- *Etwas Zitronensaft*
- *1 kleines Glas Artischockenböden*
- *4 EL Olivenöl*
- *4 EL Balsamicoessig*

1 Pinienkerne in einer trockenen Pfanne goldgelb rösten. Tomaten überbrühen, abziehen, häuten und in Streifen schneiden. Kräuter waschen und hacken.

2 Knoblauch abziehen und fein hacken. Rucola gründlich waschen und trockentupfen. Lachsscheiben mit Salz, Pfeffer und Zitronensaft würzen.

3 Artischockenböden in 2 Esslöffeln Olivenöl mit Kräutern und Knoblauch andünsten. Mit Salz, Pfeffer und Essig würzen. Mit Tomaten und Rucola mischen.

4 Lachs im restlichen Öl von jeder Seite 3 Minuten braten. Den Salat mit je einer Scheibe Lachs auf Portionstellern anrichten und mit Pinienkernen bestreuen.

Süppchen & Snacks

Feine Warme Kleinigkeiten

Eine warme Suppe, ein leichter Imbiss – den meisten Menschen kommt so eine kleine Mahlzeit gerade recht. Andere servieren sie als ideale Vorspeisen im Menü. Die folgenden Rezepte mit Rucola und Bärlauch sind grün und vitaminhaltig – voller gesunder Biostoffe, die uns täglich neuen Schwung geben. Feinschmecker kommen dabei ebenso auf ihre Kosten wie die Liebhaber gehobener Vollwertküche: Wer wird nicht neugierig bei Ziegenkäse mit Bärlauch im Blätterteig und Seeteufel auf Rucola-Mango-Salat ...?

Schaumiges Bärlauchsüppchen mit Croutons

ZUTATEN

- *1 kleine Zwiebel*
- *80 g Butter*
- *50 g Mehl*
- *100 ml trockener Weißwein*
- *750 ml Gemüse- oder Fleischbrühe*
- *300 g Sahne*
- *100 g Crème fraîche*
- *Salz, Pfeffer*
- *Zucker*
- *15 Bärlauchblätter*
- *1 Eigelb*
- *Etwas abgeriebene Schale einer unbehandelten Zitrone*
- *3 Scheiben Toastbrot*

1 Zwiebel abziehen und würfeln. Zwiebelwürfel in 50 Gramm Butter andünsten. Mehl zugeben und glatt rühren. Weißwein, Brühe und 200 Gramm Sahne langsam angießen. Die Mischung etwa 3 Minuten unter Rühren kochen lassen.

2 Crème fraîche zugeben und die Suppe mit Salz, Pfeffer und einer Prise Zucker abschmecken. Bärlauch waschen, trockentupfen und fein schneiden. In die Suppe geben.

3 Die Suppe mit dem Mixstab pürieren. Kurz vor dem Servieren das Eigelb mit der restlichen Sahne verquirlen, langsam in die Suppe fließen lassen und mit dem Mixstab aufschlagen. Die Suppe abschmecken, die Zitronenschale zufügen. Heiß halten, aber nicht mehr kochen lassen.

4 Toastbrot entrinden, in Würfel schneiden und in der restlichen Butter goldbraun rösten. Über die Suppe streuen.

Grüne Bärlauch-Lebenssuppe

ZUTATEN

- *1 Zwiebel*
- *1–2 Bärlauchzehen*
- *2 EL Butter*
- *1 EL Mehl*
- *1 l Gemüsebrühe*
- *10 Bärlauchblätter*
- *Salz, Pfeffer*
- *2 EL Sherry extra dry*
- *Einige Knoblauchcroutons (Fertigprodukt oder selbst gemacht siehe Tipp)*

1 Zwiebel abziehen, Bärlauchzehen putzen und beides fein wiegen. In der Butter andünsten, mit Mehl bestäuben und unter Rühren mit der heißen Gemüsebrühe aufgießen. Die Mischung einige Minuten unter Rühren leise kochen lassen.

2 Die Bärlauchblätter waschen, trockentupfen und fein schneiden. In die Suppe geben und diese mit Salz, Pfeffer und Sherry abschmecken. Mit Knoblauchcroutons bestreuen.

TIPPS

- Dies ist eine »Lebenssuppe« für Eilige, aber sie eignet sich genauso für ein Menü.
- Falls Sie keine Bärlauchzehen zur Hand haben, verwenden Sie einfach 2 Bärlauchblätter mehr, oder Sie ersetzen die Bärlauchzehen durch Knoblauch!
- Wer es nicht ganz so eilig hat, macht sich die Knoblauchcroutons selber: Pro Person 1 Scheibe Toastbrot oder altbackenes Weißbrot nach Geschmack entrinden und in Würfelchen von 1 Zentimeter Länge schneiden. In einer Pfanne 1 Esslöffel Butter schmelzen lassen und 1 abgezogene Knoblauchzehe hineinpressen. Darin die Brotwürfel bei mittlerer Hitze schön goldbraun rösten. Aber Achtung: Bei zu großer Hitze verbrennt der Knoblauch und schmeckt dann unangenehm bitter!

Rucolasuppe extra fein

ZUTATEN

- *1 Zwiebel*
- *2 Bund Rucola*
- *1 kleine Kartoffel*
- *2 EL Butter*
- *$^1/_2$ l klare Brühe*
- *500 g Sahne*
- *Salz, Pfeffer*
- *2 EL weißer Wermut*
- *2 EL Haselnussöl*

1 Zwiebel abziehen und würfeln. Rucola verlesen, waschen und klein schneiden. Die Kartoffel schälen und sehr fein reiben.

2 Butter erhitzen und darin die Zwiebel glasig dünsten. Die geriebene Kartoffel (zum Andicken) zugeben und kurz mitdünsten. Mit klarer Brühe und Sahne aufgießen und mit Salz und Pfeffer würzen. Die Suppe 20 Minuten leise kochen lassen.

3 Rucola zugeben und die Suppe weitere 5 Minuten leise kochen lassen. Die Suppe pürieren. Wermut und Haselnussöl zufügen. Unmittelbar vor dem Servieren die fertige Suppe kurz mit dem Pürierstab aufmixen, damit sie schaumig wird.

TIPP Auf die angerichtete Suppe einige geröstete und mit etwas Haselnussöl beträufelte Weißbrotwürfel legen.

Cremiges Spargelsüppchen mit Rucolanockerl

ZUTATEN

Für die Nockerl

- *100 g Butter*
- *3 Eier*
- *100 g trockenes Weißbrot ohne Rinde*
- *50 g Rucola*
- *Salz, Pfeffer*
- *Muskatnuss*

Für das Süppchen

- *3/4 l frischer Spargelsud (siehe Tipp)*
- *300 g Sahne*
- *3 Eigelb*
- *Salz, weißer Pfeffer*
- *Cayennepfeffer*
- *Eventuell Zucker*

1 Für die Nockerl einen großen Topf Wasser zum Kochen aufsetzen. In der Zwischenzeit die zimmerwarme Butter schaumig rühren, nach und nach die ebenfalls zimmerwarmen verquirlten Eier zugeben. Wenn alle Zutaten gleich temperiert sind, gerinnt die Masse nicht so leicht.

2 Weißbrot reiben. Rucola waschen, trockentupfen und fein schneiden. Beides unterrühren. Den Nockerlteig mit Salz, Pfeffer und einem Hauch geriebener Muskatnuss herzhaft abschmecken.

3 Aus der Masse daumendicke Rollen formen. Von den Rollen kleine Stückchen abschneiden und daraus kleine Klößchen formen, die etwa so groß sind wie eine Murmel.

4 Das Kochwasser salzen und die Klößchen einlegen. Kurz aufkochen lassen und anschließend noch etwa 10 Minuten gar ziehen lassen.

5 Den Spargelsud aufkochen und vom Herd nehmen. Die Sahne steif schlagen und die verquirlten Eigelbe darunter ziehen. In den Spargelsud einrühren und die Suppe wieder erhitzen. Sie darf aber nicht mehr kochen, sonst gerinnt das Eigelb. Die Suppe mit Salz, weißem Pfeffer, einem Stäubchen Cayennepulver und eventuell mit einer Prise Zucker abschmecken.

6 Die Nockerl aus dem Wasser heben, abtropfen lassen und in die Suppenterrinen geben, den legierten Spargelsud darüber gießen und sofort zu Tisch bringen.

TIPP Verwenden Sie für dieses feine Süppchen am besten Spargelwasser, in dem Sie gerade Spargel gekocht haben, und servieren Sie die Spargelstangen als zweiten Gang nach dem Süppchen.

DEFTIGE KARTOFFEL-RUCOLA-SUPPE

ZUTATEN
- *200 g Frühlingszwiebeln*
- *100 g geräucherter Frühstücksspeck*
- *1 EL Butter*
- *250 g mehlig kochende Kartoffeln*
- *$^{1}/_{2}$ l Gemüsebrühe*
- *1 $^{1}/_{2}$ Bund Rucola*
- *100 g Sahne*
- *Salz, Pfeffer*
- *Muskatnuss*
- *Sherry*

1 Die Zwiebeln waschen, putzen und in feine Ringe schneiden. Den Frühstücksspeck fein würfeln. Beides in der heißen Butter glasig dünsten.

2 Die Kartoffeln schälen und grob raspeln. Zu der Speck-Zwiebel-Mischung geben und mit Gemüsebrühe ablöschen. Die Suppe etwa 20 Minuten kochen lassen, bis die Kartoffeln weich sind.

3 Den Rucola waschen, trockentupfen und fein schneiden. Zur Suppe geben und diese mit dem Mixstab pürieren.

4 Die Sahne unterrühren und die Suppe mit Salz, Pfeffer, Muskatnuss und einem Schuss Sherry abschmecken.

TIPP Sollte die Suppe noch zu dickflüssig sein, etwas Brühe oder Milch zugeben.

GRATINIERTE BÄRLAUCHSUPPE

ZUTATEN
- *1 Bund Bärlauch samt Zwiebeln*
- *1 l klare Brühe*
- *1 Hand voll Salbeiblätter*
- *3–4 Gewürznelken*
- *60 g Bergkäse oder Gruyère*
- *4 Scheiben Weißbrot*
- *Olivenöl*
- *Salz, Pfeffer*
- *Marsala*

1 Bärlauchblätter und -zehen waschen, trockentupfen und fein schneiden. Die Brühe erhitzen und den Bärlauch darin 20 Minuten leise kochen lassen.

2 Die Suppe mit dem Mixstab pürieren und wieder aufkochen lassen. Salbeiblätter und Nelken in einem Gewürzsäckchen in die Suppe geben. Die Suppe 15 Minuten zugedeckt ziehen lassen.

3 Den Käse reiben. Die Weißbrotscheiben mit Olivenöl beträufeln und mit geriebenem Käse bestreuen. Unter dem Grill kurz gratinieren.

4 Gewürzsäckchen aus der Suppe entfernen und die Suppe mit Salz, Pfeffer und Marsala abschmecken.

5 Die fertige Suppe in vorgewärmte Suppentassen gießen. Die überbackenen Brote darauf legen. Alles nochmals kurz unter dem Grill überbacken.

Kalte Jogurt-Bärlauch-Suppe

Zutaten

- *2 Bund Bärlauch*
- *1 Bund Schnittlauch*
- *1 kleine Salatgurke*
- *50 g Walnusskerne*
- *750 g Sahnejogurt*
- *1–2 EL Obstessig*
- *3 EL natives Olivenöl*
- *Salz, Pfeffer*
- *Tabasco*

1 Bärlauch und Schnittlauch waschen, trockentupfen und fein schneiden. Die Gurke waschen und mit der Schale fein raspeln. Die Walnusskerne grob hacken.

2 Jogurt, Essig, Öl, Gurkenraspel, Salz und Pfeffer mit dem Mixstab aufschlagen. Bärlauch und Schnittlauch unterrühren. Mit einem Spritzer Tabasco abschmecken.

3 Die Suppe in tiefe Teller oder Suppentassen füllen. Mit den gehackten Walnusskernen und den restlichen Kräutern bestreut servieren.

TIPP Falls die Gurke sehr viel Wasser enthält, würde die Suppe sehr dünn werden. In diesem Fall können Sie das Gurkenwasser einfach ausdrücken und weggießen. Wenn Ihnen der wertvolle Saft aber wegen der vielen Vitamine zu schade ist zum Wegwerfen, trinken Sie ihn als Gesundheitstrunk oder machen sich damit eine Feuchtigkeit spendende Gesichtsmaske.
Sie können aber auch einfach 2 Scheiben Toastbrot auf die geraspelte Gurke legen. Das Brot saugt der Gurkensaft auf und wird zusammen mit den übrigen Zutaten püriert.

Peters Rucola-Erdbeeren

Zutaten

- *250 g Erdbeeren*
- *50 g Walnusskerne*
- *30 g Bund Rucola*
- *200 g Sahne*
- *50 g Zucker*

1 Erdbeeren kurz abbrausen, trockentupfen und putzen. Je nach Größe halbieren oder vierteln. Walnusskerne grob hacken. Rucola waschen, trockentupfen und fein schneiden, dabei einige Blätter für die Garnitur beiseite legen. Die Sahne steif schlagen.

2 Zucker in einem Pfännchen schmelzen, bis er leicht bräunt. Gehackte Walnüsse und klein geschnittenen Rucola zugeben und abkühlen lassen.

3 Erdbeeren dazugeben und alles auf Portionstellern anrichten. Mit Sahnetupfen und den zurückbehaltenen Rucolablättern garnieren.

TIPP Dieser sommerliche Snack ist irgendwo zwischen Süßspeise und Salatfantasie anzusiedeln. Wie auch immer – er schmeckt himmlisch gut und verbindet auf höchst gelungene Weise die Aromen. Genießen Sie ihn einfach zwischendurch oder in der Menüfolge nach dem Käse.

Ziegenfrischkäse im Bärlauch-mantel auf Rucolasalat

ZUTATEN
- *1 Bund Bärlauch*
- *40 g Haselnüsse*
- *Salz, Pfeffer*
- *200 g Ziegenfrischkäse (als Rolle)*
- *100 g Rucola*

Für das Dressing
- *2 EL Himbeeressig*
- *1 EL Sherryessig*
- *6 EL Haselnussöl*
- *$^1/_2$ TL Dijonsenf*
- *Salz, Pfeffer*

1 Bärlauch waschen, trockentupfen und in feine Streifen schneiden. Haselnüsse fein reiben und mit dem Bärlauch mischen. Mit Salz und Pfeffer leicht würzen.

2 Ziegenkäse in dicke Scheiben schneiden und in der Bärlauch-Nuss-Mischung wenden.

3 Essig, Öl und Senf mit dem Mixstab aufschlagen. Mit Salz und Pfeffer würzen.

4 Rucola waschen, trockentupfen und in mundgerechte Stücke zupfen. Auf Portionsteller verteilen und mit dem Dressing beträufeln. Ziegenkäse im Bärlauchmantel darauf anrichten.

TIPP Zu dieser feinen Vorspeise passt ofenwarmes Baguette ausgezeichnet! Die Käsescheiben eigenen sich auch gut für ein Buffet. Dann aber das Dressing weglassen.

Bärlauch-Panna-cotta

ZUTATEN
- *1 kleine Zwiebel*
- *200 g Erbsen (TK)*
- *30 g Butter*
- *600 g Sahne*
- *Salz, weißer Pfeffer*
- *Muskatnuss*
- *8 Blatt Gelatine*
- *150 g Jogurt*
- *30 g Bärlauchblätter*

1 Zwiebel abziehen und fein würfeln. Gefrorene Erbsen mit Zwiebelwürfeln in der Butter andünsten. 400 Gramm Sahne zugießen und die Mischung etwa 8 Minuten kochen lassen. Mit Salz, weißem Pfeffer und geriebener Muskatnuss abschmecken.

2 Gelatine 2 Minuten in kaltem Wasser einweichen, ausdrücken und in der heißen Erbsenmasse auflösen. Abkühlen lassen.

3 Bärlauch waschen, trockentupfen und fein schneiden. Jogurt glatt rühren. Restliche Sahne steif schlagen und mit dem Bärlauch unter die Erbsenmasse ziehen.

4 Panna cotta in Portionsförmchen füllen. Förmchen mindestens 3 Stunden, besser über Nacht, im Kühlschrank kalt stellen.

5 Zum Servieren auf Portionsteller stürzen. Löst sich die Masse schlecht aus den Förmchen, stellt man die Förmchen kurz (!) in heißes Wasser und löst die Panna cotta am oberen Rand vorsichtig mit einem spitzen Messer.

TIPP Sehr hübsch – und sehr lecker – lässt sich die Panna cotta mit feinen marinierten Salatblättern und Räucherlachsscheiben garnieren.

Ziegenkäsesäckchen mit Bärlauch

ZUTATEN

- *250 g Blätterteig (TK)*
- *200 g Ziegenkäserolle*
- *1 Rezept Bärlauchpesto (➸ Seite 85)*
- *1 Eigelb*
- *50 g Parmesan*

1 Blätterteig kurz antauen lassen und leicht ausrollen. Mit einer Ausstechform von 12 Zentimetern Durchmesser 8 Teigblätter ausstechen. Backofen auf 200 °C (Umluft 180 °C, Gas Stufe 3) vorheizen.

2 Die Ziegenkäserolle in 2 Zentimeter dicke Scheiben schneiden und je eine Scheibe in die Mitte jedes Teigblattes legen. Die Teigenden rundherum nach oben ziehen, sodass ein kleines Säckchen entsteht, das oben geöffnet ist.

3 In die Öffnung jeweils $^1/_2$ Teelöffel Pesto einfüllen. Die Öffnung gut zusammendrücken, damit sich die Säckchen während des Backens nicht öffnen. Die Säckchen auf ein mit Backpapier ausgelegtes Blech setzen und mit verquirltem Eigelb bepinseln. In 12 Minuten im vorgeheizten Backofen knusprig braun backen.

4 Parmesan reiben. Die heißen Säckchen mit geriebenem Käse bestreuen und noch warm servieren.

Rucola-Kartoffelpuffer

ZUTATEN

- *1 EL Sonnenblumenkerne*
- *2 mittelgroße Kartoffeln*
- *200 g Zucchini*
- *1 kleine Zwiebel*
- *1 Bund Rucola*
- *3 TL Bärlauchpesto (Rezept ➸ Seite 85)*
- *1 Ei*
- *Salz, Pfeffer*
- *Eventuell Semmelbrösel*
- *1 EL Olivenöl*

1 Sonnenblumenkerne in einer Pfanne ohne Fett anrösten. Kartoffeln schälen und grob raspeln. Zucchini waschen, putzen und ebenfalls grob raspeln.

2 Zwiebel abziehen und in kleine Würfel schneiden. Rucola waschen, trockentupfen und fein schneiden.

3 Das aus den Kartoffelraspeln ausgetretene Wasser abgießen und die Masse kräftig ausdrücken. Zucchini, Zwiebel, Rucola und Sonnenblumenkerne zugeben. Mit Bärlauchpesto, Ei, Salz und Pfeffer verrühren. Ist die Masse zu feucht, Semmelbrösel unterrühren.

4 Mit einem Esslöffel kleine Häufchen abstechen und im heißen Öl von beiden Seiten knusprig braten. Heiß servieren.

TIPP Dieser feine und gesunde Imbiss wird noch edler, wenn Sie auf den heißen Puffern jeweils eine Scheibe Räucherlachs, darüber einen Teelöffel saure Sahne, eine kleine Zitronenspalte und ein Rucolablatt dekorativ anrichten.

Gemüsewaffeln mit Bärlauch-Sahne-Creme

Zutaten

Für den Teig
- *100 g Mehl*
- *150 ml Milch*
- *Salz, Muskatnuss*
- *$^1/_2$ TL Curry*
- *1 Ei*
- *150 g Möhren*
- *100 g Knollensellerie*
- *100 g Lauch*
- *1 kleine Zwiebel*

Für die Sahnecreme
- *$^1/_2$ Bund Bärlauch*
- *120 g saure Sahne*
- *100 g Jogurt*
- *2 TL mittelscharfer Senf*
- *1 EL Zitronensaft*
- *1 TL Honig*
- *Salz, Pfeffer*

1 Mehl mit Milch, Salz, einer Messerspitze Muskatnuss, Curry und Ei verrühren und 30 Minuten quellen lassen.

2 Möhren und Sellerie schälen und fein reiben. Lauch waschen und in ganz dünne Streifen schneiden. Zwiebel abziehen und würfeln. Das Gemüse unter den Teig mischen.

3 Bärlauch waschen, trockentupfen und fein hacken. Saure Sahne, Jogurt, Senf, Zitronensaft und Honig vermischen und mit Salz und Pfeffer abschmecken. Den Bärlauch fein hacken und darunter rühren.

4 Den Teig portionsweise dünn auf ein gefettetes heißes Waffeleisen streichen und Waffeln backen. Die fertigen Waffeln heiß halten, bis alle Waffeln gebacken sind. Dann die heißen Waffeln schnell mit Creme füllen, aufrollen und sofort servieren.

Tipp Die gefüllten Waffeln nicht liegen lassen, sondern sofort verzehren, sonst wird die Creme flüssig!

Gefüllte Brottaschen mit Rucola

Zutaten
- *Etwa 400 g Kastenweißbrot*
- *250 g Mozzarella*
- *2 Bund Rucola*
- *120 g roher Schinken in dünnen Scheiben*
- *2 Eier*
- *Salz, Mehl*
- *Gut $^1/_2$ l Milch*
- *Öl*

1 Brot in dicke Scheiben schneiden, die Rinde entfernen. In jede Scheibe eine Tasche schneiden.

2 Mozzarella in nicht zu dicke Scheiben schneiden. Rucola waschen, trockentupfen und fein schneiden. Jede Brottasche mit Mozzarella- und Schinkenscheiben füllen, den Rucola dick dazwischen streuen. Die Taschen eventuell mit Holzzahnstochern verschließen.

3 Eier verquirlen und leicht salzen. Die Brotscheiben auf beiden Seiten leicht einmehlen, kurz in die Milch tauchen und nebeneinander in einen großen, tiefen Teller legen. Eier über die Brotscheiben gießen und 1 Stunde ziehen lassen.

4 Brot in reichlich heißem Öl auf beiden Seiten knusprig ausbacken und kurz auf Küchenpapier abtropfen lassen. Die gefüllten Brottaschen heiß servieren.

FOCACCIA MIT BÄRLAUCH ODER RUCOLA

ZUTATEN

Für den Teig

- *500 g Mehl*
- *$1\frac{1}{2}$ Würfel Hefe oder 20 g Trockenhefe*
- *Salz, Pfeffer*
- *4 EL Olivenöl*
- *3 TL Bärlauchpesto (Rezept ➳ Seite 85) oder 30 Rucolablätter*

Für den Belag

- *3 Zwiebeln*
- *1–2 Knoblauchzehen*
- *2 EL Olivenöl*
- *Salz*
- *3 TL Bärlauchpesto (Rezept ➳ Seite 85) oder 30 Rucolablätter*

1 Mehl, Hefe, Salz und Pfeffer in einer großen Schüssel mischen. Öl und gut $\frac{1}{4}$ Liter Wasser zugeben und alles kräftig durchkneten, bis der Teig glatt und glänzend wird und sich vom Schüsselboden löst.

2 Für die Bärlauch-Focaccia 3 Teelöffel Bärlauchpesto unter den Teig kneten. Für die Rucola-Focaccia von den Rucolablättern die Stiele entfernen, die Blätter waschen, trockentupfen, fein schneiden und in den Teig einarbeiten.

3 Den Teig in eine Schüssel geben und zugedeckt an einem warmen Ort mindestens 3 Stunden ruhen lassen.

4 Für den Belag die Zwiebeln abziehen, halbieren und in dünne Ringe schneiden. Knoblauch abziehen und in dünne Scheiben schneiden. Beides zusammen in 2 Esslöffeln Öl gut anbraten und erkalten lassen.

5 Für die Bärlauch-Focaccia Bärlauchpesto und Zwiebel vermengen. Für die Rucola-Focaccia Rucola putzen, waschen, trockentupfen und grob zerkleinern. Zu den Zwiebeln in die Pfanne geben und kurz mitbraten. Den Belag abkühlen lassen.

6 Den Backofen auf 250 °C (Umluft 230 °C, Gas Stufe 5) vorheizen. Ein Backblech mit 1 Esslöffel Öl bepinseln. Den Teig nochmals kurz durchkneten und auf das Blech legen. Mit den Handballen den Teig etwa 1 bis 2 Zentimeter dick ausdrücken (oder mit dem Nudelholz ausrollen).

7 Auf die Bärlauch-Focaccia den Zwiebel-Bärlauch-Belag streichen, mit 1 Esslöffel Olivenöl beträufeln und etwas Salz darüber streuen. Auf die Rucola-Focaccia den Zwiebel-Rucola-Belag streichen, ebenfalls Olivenöl und eine Prise Salz darüber geben.

8 Die Focaccia zugedeckt weitere 30 Minuten gehen lassen. Im vorgeheizten Ofen 20 bis 25 Minuten backen.

TIPP Dieses würzige, flaumige Gebäck schmeckt am besten frisch aus dem Backofen mit einem Gläschen kühlem Prosecco. Man kann die Focaccia aber auch kalt essen und zum Beispiel fürs Picknick einpacken. Dann schneidet man sie auf und belegt sie mit Käse oder Schinken.

Gemüserösti auf Rucolasalat

ZUTATEN

- *130 g Kartoffeln*
- *60 g Möhren*
- *120 g Zucchini*
- *100 g Champignons*
- *2 Eigelb*
- *Eventuell Semmelbrösel*
- *Salz, Pfeffer*
- *Olivenöl zum Ausbraten*

Für den Salat

- *1 Bund Rucola*
- *4 EL Haselnussöl*
- *2 EL Sherryessig*
- *Salz, Pfeffer*
- *4 EL Crème fraîche*

1 Kartoffeln schälen, sofort in feine Stifte schneiden und in einem Küchentuch gut ausdrücken.

2 Möhren schälen. Zucchini und Pilze putzen. 4 Champignons beiseite legen, die restlichen fein hacken. Zucchini und Möhren grob raspeln. Zucchini, Pilze und Möhren ebenfalls ausdrücken.

3 Gemüse, Kartoffeln und Eigelb vermengen. Wenn die Masse noch zu feucht ist, eventuell Semmelbrösel zugeben. Die Masse salzen und pfeffern.

4 Den Röstiteig esslöffelweise ins heiße Olivenöl geben und etwas flach drücken. Bei milder Hitze von beiden Seiten goldbraun braten. Fertige Rösti warm stellen.

5 Für den Salat Rucola putzen, waschen und trockentupfen. Haselnussöl, Sherryessig, Salz und Pfeffer mischen. Rucola im Dressing schwenken und auf Portionstellern anrichten.

6 Restliche Champignons in Scheiben schneiden und darüber geben. Warme Rösti auf den Salat legen. Mit Crème fraîche garnieren.

Rucola-Hackfleisch-Klösschen

ZUTATEN

- *2 Bund Rucola*
- *40 g Parmesan*
- *450 g mageres Rinderhackfleisch*
- *60 g Butter*
- *Salz*
- *4 EL Marsala*

1 Rucola putzen und grobe Stiele entfernen. Die Blätter waschen, trockentupfen und in feine Streifen schneiden. Parmesan reiben.

2 Hackfleisch mit Rucola, 30 Gramm weicher Butter und Parmesan vermischen. Mit Salz abschmecken. Mit nassen Händen aus dem Teig kleine Klößchen formen.

3 Die restliche Butter in der Pfanne heiß werden lassen und die Klößchen darin 5 bis 7 Minuten von allen Seiten goldbraun braten. Die Pfanne vom Herd nehmen und die Klößchen mit dem Marsala beträufeln. Die Klößchen dann mit dem Bratensaft heiß anrichten.

TIPP Diese exquisiten Hackfleischklößchen schmecken köstlich mit frischem Salat und Ciabatta! Größere Mengen für viele Gäste lassen sich gut auf einem Blech im Backofen zubereiten.

POULARDENBRÜSTCHEN AUF FRÜHLINGS-SALAT MIT BÄRLAUCHVINAIGRETTE

1 Backofen auf 180 °C (Umluft 160 °C, Gas Stufe 2) vorheizen. Poulardenbrüstchen waschen, trockentupfen und mit Salz und Pfeffer einreiben.

2 Poulardenbrüstchen in heißer Butter anbraten und auf ein gefettetes Blech legen. Das Fleisch mit gebuttertem Pergamentpapier bedecken und etwa 20 Minuten im vorgeheizten Backofen garen.

3 In der Zwischenzeit Salate und Bärlauch putzen, waschen und trockenschleudern. Pro Portion 1 Bärlauchblatt zum Garnieren zur Seite legen. Den Salat in mundgerechte Stücke zupfen und auf Portionstellern anrichten.

4 Für die Vinaigrette den Bärlauch waschen, trockentupfen und grob schneiden. In ein hohes Mixgefäß geben. Rotweinessig, Rotwein und Öl nach und nach zugießen und mit dem Mixstab zur Vinaigrette aufschlagen.

5 Die Poulardenbrüstchen aus dem Backofen nehmen und in Scheiben schneiden. Den Salat mit der Vinaigrette beträufeln und die Poulardenbrüstchen darauf anrichten. Mit Bärlauchblättern garnieren.

TIPPS

- Die Salate bringen Farbe in dieses Gericht: Lollo rosso, Radicchio oder ein anderer rotblättriger Blattsalat sollten deshalb unbedingt dabei sein.
- Dieses Gericht läßt sich vielfältig variieren: Soll der Salat als leichtes Hauptgericht etwas sättigender werden, ergänzen Sie ihn mit in Butter gebratenen Austernpilzen oder Champignons. Dazu passt entweder frisches, lockeres Weißbrot oder geröstetes heißes Knoblauchbrot.
- Anstelle der Poulardenbrüstchen können Sie auch dünn geschnittene Scheibchen vom Rinder- oder Schweinefilet auf dem Salat anrichten. Die Filetscheiben kurz in heißer Butter in der Pfanne braten und mit Salz, Pfeffer und eventuell einem Schuss Sherry oder Marsala würzen.

ZUTATEN

- *4 Poulardenbrüstchen*
- *Salz, Pfeffer*
- *1 EL Butter*
- *Gemischte Blattsalate (z. B. $^1/_2$ Kopfsalat, $^1/_2$ Radicchio, etwas Schnittsalat oder frischer Spinat)*
- *$^1/_2$ Bund Bärlauch*

Für das Dressing

- *$^1/_2$ Bund Bärlauch*
- *100 ml Rotweinessig*
- *100 ml Rotwein*
- *200 ml Traubenkernöl*
- *Salz, Pfeffer*

SEETEUFELSCHEIBEN AUF RUCOLA-MANGO-SALAT

ZUTATEN

- *2 unbehandelte Limetten*
- *2 reife Mangos*
- *Salz, Pfeffer aus der Mühle*
- *3 Bund Rucola*
- *20 g gehobelte Mandeln*
- *5 EL Paniermehl*
- *750 g Seeteufelfilet*
- *1 Ei*
- *70 g Butter*

1 Limetten waschen und trockenreiben. Schale fein abreiben und Saft auspressen.

2 Mangos schälen und das Fruchtfleisch möglichst folgendermaßen vom Stein schneiden: ein Drittel in kleine Würfel, ein Drittel in schmale Spalten, das restliche Drittel so gut wie möglich vom Kern lösen. Dieses letzte Drittel mit dem Limettensaft pürieren, mit Salz und Pfeffer abschmecken und als Dressing für den Rucolasalat beiseite stellen.

3 Rucola putzen, waschen, trockentupfen und in mundgerechte Stücke zerpflücken. Mit dem Dressing und den Mangowürfeln vermengen. Die Mandeln in einer Pfanne ohne Fett anrösten.

4 Für die Panade des Seeteufels die abgeriebene Limettenschale, Paniermehl und die Hälfte der Mandeln mischen. Das Seeteufelfilet säubern, eventuell häuten und in schmale Scheiben schneiden. Die Scheiben flach drücken und mit Salz und Pfeffer würzen. Das Ei verquirlen und die Seeteufelscheiben zunächst durch das Ei ziehen, dann in der Panade wenden.

5 Butter in einer großen Pfanne erhitzen und die panierten Fischstücke darin bei mittlerer Hitze von beiden Seiten goldbraun braten (2 bis 3 Minuten pro Seite). Den Fisch kurz auf Küchenpapier abtropfen lassen.

6 Den Salat auf einer Platte anrichten und die Seeteufelscheiben darauf legen. Mit den Mangospalten und den restlichen Mandelblättchen garnieren.

TIPP Seeteufel ist Feinschmeckern auch unter dem Namen Lotte als hervorragender Speisefisch bekannt. Das Filet stammt aus dem dicken Schwanzstück, ist sehr fest und hat keine Gräten.

Gefüllte Bärlauchtäschchen mit Walnusssauce

1 Für den Teig Mehl, Weißwein und etwas Salz mit wenig lauwarmem Wasser zu einem ziemlich festen Teig verkneten. Den Teig zu einer Kugel formen, mit einem feuchten Tuch bedecken und ruhen lassen.

2 Für die Füllung Bärlauch säubern und in ganz wenig Salzwasser etwa 5 Minuten kochen. Bärlauch abgießen, gut ausdrücken und mit dem Mixstab pürieren oder ganz klein schneiden.

3 Knoblauch abziehen und durch die Knoblauchpresse zum Bärlauch geben. Die Masse etwas abkühlen lassen.

4 Parmesan reiben. 20 Gramm davon mit Ricotta und Ei zum Bärlauch geben. Mit Salz und Pfeffer würzen.

5 Den Teig nicht zu dünn ausrollen und in Dreiecke von 7 bis 8 Zentimeter Seitenlänge schneiden.

6 In die Mitte jedes Dreiecks einen Teelöffel Füllung geben. Teigränder mit Wasser bepinseln und die Dreiecke zusammenklappen. Die Ränder mit den Zinken einer Gabel gut zusammendrücken, damit die Füllung beim Garen nicht austreten kann.

7 Für die Sauce die Walnusskerne fein mahlen. Vom Weißbrot die Rinde entfernen und das Brot in wenig Wasser einweichen.

8 Weißbrot aus dem Wasser nehmen und ausdrücken. Nüsse, eingeweichtes Brot und etwas Salz vermischen. In ein hitzefestes Mixgefäß geben und dieses in ein heißes Wasserbad stellen.

9 Dickmilch und Öl langsam zu der Nuss-Brot-Mischung gießen und mit dem Mixstab zu einer glatten Sauce aufschlagen. Mit Salz abschmecken und warm stellen.

10 Die Täschchen in reichlich kochendem Salzwasser ca. 10 Minuten garen. Abtropfen lassen und in eine vorgewärmte Schüssel füllen. Mit der Nusssauce vermischen und mit dem restlichen Parmesan bestreuen.

Tipps

- Die Herstellung der Walnusssauce hört sich komplizierter an, als sie ist. Probieren Sie es aus – es ist ganz einfach, weil im Gegensatz zur Mayonnaise nichts gerinnen kann!
- Außerhalb der Bärlauchzeit kann man für die Füllung kleingeschnittene Frühlingszwiebeln mit etwas mehr Knoblauch verwenden.

Zutaten

Für den Teig
- *300 g Mehl*
- *100 ml trockener Weißwein*
- *Salz*

Für die Füllung
- *2 Bund Bärlauch*
- *Salz*
- *1 Knoblauchzehe*
- *50 g Parmesan*
- *100 g Ricotta*
- *1 Ei*
- *Pfeffer*

Für die Sauce
- *100 g Walnusskerne*
- *2-3 Scheiben Weißbrot*
- *4 EL Dickmilch*
- *4 EL Olivenöl*
- *Salz*

HAUPTSACHE VEGETARISCH

Gesunder Genuss

Ganz ohne Fleisch kommen die folgenden Rezepte aus – doch fehlen wird es wohl niemandem, der die Gerichte probiert. Raffinierte Pastasaucen wie bei der »Pasta alla Lombarda« kombinieren sonnengetrocknete Tomaten mit Rucola, Pinienkernen und Bärlauch oder auch Kürbiskerne mit Bärlauch und Paprika. Und wer einmal zum sommerlichen Spargelfest Bärlauchhollandaise und Bärlauchpfannkuchen genossen hat, der will nie wieder darauf verzichten.

Bärlauchgratin

ZUTATEN

- *2 Schalotten*
- *1 Knoblauchzehe*
- *50 g Parmesan*
- *1 Bund Bärlauch*
- *200 g frischer Blattspinat*
- *30 g Butter*
- *Salz, Pfeffer*
- *Muskatnuss*
- *250 g Sahne*
- *1 Eigelb*
- *Butter für die Form*

1 Den Backofen auf 200 °C (Umluft 180 °C, Gas Stufe 3) vorheizen. Schalotten und Knoblauch abziehen und fein hacken. Parmesan reiben.

2 Bärlauch und Spinat waschen, trockentupfen und die Stiele entfernen. Den Bärlauch in etwa 5 Millimeter breite Streifen schneiden.

3 Die Butter in einer Pfanne zerlassen. Schalotten und Knoblauch etwa 10 Minuten darin dünsten. Spinat und Bärlauch in die Pfanne geben und mitdünsten, bis das Gemüse zusammenfällt. Die Gemüsemischung mit Salz, Pfeffer und etwas Muskatnuss kräftig würzen und abkühlen lassen. Zum Weiterverarbeiten sollte das Gemüse etwa Zimmertemperatur haben.

4 Sahne mit Eigelb verquirlen, salzen und mit dem Gemüse vermischen. Eine Auflaufform ausbuttern, das Gemüse-Sahne-Gemisch hineingeben und mit dem Parmesan bestreuen.

5 Das Gratin im vorgeheizten Backofen etwa 15 Minuten backen.

BÄRLAUCHNUDELN

1 Bärlauch putzen, waschen, trockentupfen und fein schneiden. In wenig Wasser einige Minuten kochen. Den gegarten Bärlauch samt Kochwasser mit dem Mixstab pürieren und abkühlen lassen.

2 Mehl, verquirlte Eier, Olivenöl, pürierten Bärlauch und Salz mischen. Zunächst mit den Knethaken des Handrührgeräts, dann mit den Händen zu einem geschmeidigen Teig verarbeiten. Ist der Teig zu trocken, eventuell noch etwas Wasser zugeben.

3 Den Teig mit Klarsichtfolie oder mit einer angewärmten Schüssel abgedeckt mindestens 30 Minuten ruhen lassen. Teig dünn auswellen und in die gewünschte Nudelform schneiden.

ZUTATEN

- *2 Bund Bärlauch*
- *400 g Mehl*
- *4 Eier*
- *40 ml Olivenöl*
- *Salz*

RUCOLANOCKERL MIT SALBEIBUTTER

1 Kartoffeln mit der Schale kochen, abgießen und kalt abschrecken. Sofort schälen und heiß durch die Kartoffelpresse drücken. Kartoffelmasse erkalten lassen.

2 In einem großen, breiten Topf reichlich Salzwasser zum Kochen bringen. In der Zwischenzeit für die Salbeibutter die Salbeiblätter waschen, trockentupfen und fein schneiden. Butter in einem Töpfchen zerlassen und leicht bräunen. Knoblauchzehen abziehen und durch die Knoblauchpresse in die braune Butter drücken. Salbei, Salz und Pfeffer zufügen. Salbeibutter warm halten.

3 Rucola waschen und trockentupfen. Die Stiele entfernen, die Blätter fein schneiden und in die kalte Kartoffelmasse geben. Mehl, Ei, Salz, Pfeffer und Muskat dazugeben und alles rasch zu einem glatten Teig verarbeiten.

4 Aus dem Teig mit zwei Esslöffeln Nockerl formen und vorsichtig ins kochende Salzwasser gleiten lassen. Die Hitze sofort reduzieren und die Nockerl etwa 4 Minuten ziehen lassen. Wenn die Nockerl an der Wasseroberfläche erscheinen, sind sie gar.

5 Nockerl mit einem Schaumlöffel herausnehmen, auf eine vorgewärmte Platte legen und mit der Salbeibutter übergießen.

TIPP Wer Salbei nicht mag, ersetzt ihn durch 50 Gramm geriebene Nüsse.

ZUTATEN

Für die Nockerl

- *500 g mehlig kochende Kartoffeln*
- *1 Bund Rucola*
- *100–150 g Weizenvollkornmehl*
- *1 Ei*
- *½ TL Salz*
- *Pfeffer*
- *Muskatnuss*

Für die Salbeibutter

- *6–8 Salbeiblätter*
- *50 g Butter*
- *2 Knoblauchzehen*
- *Salz, Pfeffer*

ZUTATEN

- *120 g getrocknete Tomaten in Öl*
- *2 Kugeln Mozzarella (à 125 g)*
- *1 Bund Rucola*
- *250 g Cocktailtomaten*
- *50 g Pinienkerne*
- *600 g Tagliatelle*
- *Salz*
- *1 EL Olivenöl*
- *8 EL Bärlauchpesto (Rezept ➳ Seite 85)*
- *Pfeffer*

PASTA ALLA LOMBARDA

1 Getrocknete Tomaten aus dem Öl nehmen und klein schneiden. Mozzarella in kleine Würfel schneiden. Rucola waschen, trockentupfen und von den groben Stielen befreien.

2 Cocktailtomaten waschen, trockentupfen und halbieren. Pinienkerne in einer Pfanne ohne Öl hellbraun rösten.

3 Tagliatelle in reichlich Salzwasser mit Olivenöl kochen und abgießen.

4 In einer großen Pfanne das Bärlauchpesto leicht erwärmen. Abgetropfte Nudeln, getrocknete Tomaten, die Hälfte der Mozzarellawürfel und die Kirschtomaten zugeben.

5 Bei nicht zu großer Hitze alles vermengen und erwärmen. Mit Pfeffer und eventuell ein wenig Salz abschmecken; dabei vorsichtig umrühren, damit die Nudeln ganz bleiben.

6 Die vorgewärmten Teller sternförmig mit den Rucolablättern auslegen. Darauf die Nudeln verteilen, sodass die Rucolaspitzen noch sichtbar sind.

7 Mit dem restlichen Mozzarella und den Pinienkernen bestreuen und sofort servieren.

TIPPS

- Schrecken Sie gekochte Nudeln, die Sie gleich essen wollen, nicht mit kaltem Wasser ab! Wenn Sie die Nudeln nicht sofort weiter verarbeiten, sondern aufbewahren wollen – zum Beispiel für einen Nudelsalat, sollten Sie nach dem Abschrecken noch einige Tropfen Öl, am besten Oliven- oder Sonnenblumenöl, unter die Nudeln mischen. Dann kleben sie beim Abkühlen nicht zusammen.
- Wenn Sie dieses raffinierte Gericht noch verfeinern wollen, verwenden Sie Büffelmozzarella – er gibt dem Pastagericht den unverwechselbaren Geschmack.
- Besonders hübsch sieht die Pasta übrigens aus, wenn man die Nudeln mit einer zweizinkigen Fleischgabel aufrollt und diese Rollen auf Portionstellern anrichtet.

BÄRLAUCH-CANNELLONI IN TOMATENSAUCE

ZUTATEN

- *1 kg vollreife Tomaten*
- *500 g Fleischtomaten*
- *50 ml Olivenöl*
- *Salz*
- *1 Bund Bärlauch*
- *2 Kugeln Mozzarella (à 125 g)*
- *3 Sardellenfilets*
- *110 g Parmesan*
- *Pfeffer*
- *250 g Cannelloni (ohne Vorkochen)*
- *Olivenöl für die Form*

1 Alle Tomaten überbrühen, häuten und das Fruchtfleisch würfeln. Öl erhitzen, zwei Drittel der Tomaten hineingeben und salzen. 20 Minuten leise kochen lassen, dann mit dem Mixstab pürieren.

2 Bärlauch waschen, trockentupfen und fein schneiden. Die Hälfte davon in die Tomatensauce geben und die Sauce beiseite stellen.

3 Backofen auf 180 °C (Umluft 160 °C, Gas Stufe 2) vorheizen. Eine ofenfeste Form mit Olivenöl auspinseln.

4 Mozzarella fein würfeln, Sardellen klein schneiden und Parmesan reiben. Restlichen Bärlauch und übrige Tomaten mit Mozzarella, Sardellen und Parmesan (zwei Esslöffel voll zum Bestreuen übrig lassen!) mischen. Die Masse salzen und pfeffern und in die Cannellonirollen füllen.

5 Die Cannelloni nebeneinander in die Form legen, mit der Tomatensauce übergießen und mit Parmesan bestreuen. Zugedeckt im vorgeheizten Backofen etwa 25 Minuten backen, dann weitere 10 Minuten ohne Deckel gratinieren.

PAPRIKASPAGHETTI MIT BÄRLAUCH-KÜRBIS-PESTO

ZUTATEN

- *50 g Kürbiskerne*
- *1 großes Bund Bärlauch*
- *2 Knoblauchzehen*
- *5 EL Kürbiskernöl*
- *1 EL Balsamicoessig*
- *500 g Spaghetti*
- *Salz*
- *1 rote Paprikaschote*
- *Pfeffer*

1 Kürbiskerne in einer Pfanne ohne Fett rösten und abkühlen lassen. Bärlauch waschen, trockentupfen und fein schneiden. Knoblauch abziehen und zerdrücken.

2 Bärlauch und Knoblauch mit 2 Esslöffeln heißem Wasser pürieren. Kürbiskernöl und Essig einfließen lassen. Kürbiskerne mahlen, dazugeben, die Masse salzen und pfeffern.

3 Spaghetti in Salzwasser bissfest kochen. Paprikaschote halbieren und von den Kernen befreien. Die Hälften unter den Grill legen, bis die Haut braun wird.

4 Haut abziehen, das Fruchtfleisch in sehr kleine Würfel schneiden und unter die Spaghetti mischen. Pesto auf den Spaghetti verteilen und sofort servieren.

Rucola-Spinat-Calzone

1 Für den Hefeteig 1 Tasse Milch, zerbröselte Hefe, je eine Prise Salz und Zucker mit 2 Esslöffeln Mehl zu einem Vorteig verarbeiten. Diesen zugedeckt an einem warmen Ort etwa 20 Minuten gehen lassen.

2 Dann mit den restlichen Zutaten außer der Butter zu einem glatten Teig verkneten. Zum Schluss die Butter unter den Teig kneten. Den Teig noch einmal 30 Minuten gehen lassen.

3 Für die Füllung Spinat und Rucola waschen, trockentupfen und in Streifen schneiden. Zwiebel und Knoblauch abziehen und fein hacken.

4 Beides im heißen Olivenöl kurz anbraten, dann Spinat und Rucola zugeben. Wenn das Gemüse zusammengefallen ist, den Topf vom Herd ziehen und die Masse erkalten lassen. Mit Salz, Pfeffer und etwas geriebener Muskatnuss abschmecken.

5 Den Backofen auf 220 °C (Umluft 200 °C, Gas Stufe 4) vorheizen. Hefeteig in 4 bis 6 Portionen teilen und jeweils zu einer Kugel formen.

6 Jede Kugel auf einer bemehlten Arbeitsfläche zu einem dünnen Kreis ausrollen. Füllung auf den Teigkreisen verteilen. Gorgonzola zerbröckeln und darüber verteilen.

7 Die Teigränder mit Wasser bepinseln. Teigkreise zusammenklappen und die Ränder gut zusammendrücken.

8 Calzone auf ein gefettetes Backblech setzen und auf der Oberseite mit etwas Öl bepinseln. Im vorgeheizten Backofen 20 bis 30 Minuten backen und sofort servieren.

TIPP Besonders pikant schmeckt die Calzone, wenn Sie die Hälfte des Spinats durch junge Löwenzahnblätter ersetzen.

ZUTATEN

Für den Hefeteig

- *200 g Mehl*
- *15 g Hefe*
- *2 Tassen lauwarme Milch*
- *Zucker*
- *Salz*
- *40 g zimmerwarme Butter*
- *Mehl zum Ausrollen*
- *Öl zum Bestreichen*

Für die Füllung

- *500 g Blattspinat*
- *5 Bund Rucola*
- *1 Zwiebel*
- *2 Knoblauchzehen*
- *2 EL Olivenöl*
- *Salz, Pfeffer*
- *Muskatnuss*
- *150 g Gorgonzola*

ZUTATEN

- *6 altbackene Brötchen*
- *2 kleine Zwiebeln*
- *200 g Graukäse*
- *1/2 Bund Bärlauch*
- *1/2 l Milch*
- *Salz, Pfeffer*
- *Muskatnuss*
- *150 g Butter*
- *3 Eier*
- *2 1/2 Bund Rucola*
- *300 g Tomaten*
- *Etwa 10 Salbeiblätter*

Bärlauchknödel mit Salbeibutter auf sautiertem Tomaten-Rucola

1 Für den Knödelteig die Brötchen in feine Scheiben schneiden. Zwiebeln abziehen und fein würfeln. Käse ebenfalls fein würfeln. Bärlauch waschen, trockentupfen und fein hacken. Milch anwärmen..

2 Geschnittene Brötchen mit Salz, Pfeffer und einer Prise geriebener Muskatnuss bestreuen. Mit der warmen Milch übergießen und 15 Minuten ziehen lassen.

3 30 Gramm Butter erhitzen und darin die Hälfte der Zwiebelwürfel und den gehackten Bärlauch andünsten. Mit den verquirlten Eiern zum Knödelteig geben. Den Teig kräftig verkneten. Käsewürfel zugeben, den Teig nochmals gut durcharbeiten und herzhaft abschmecken.

4 Aus dem Teig nicht zu große Knödel formen (etwa 4 Zentimeter Durchmesser) und in kochendes Salzwasser einlegen. Die Hitze sofort reduzieren und die Knödel bei schwacher Hitze etwa 10 Minuten ziehen lassen.

5 Rucola waschen, trockentupfen und grob schneiden. Tomaten waschen, heiß überbrühen und die Haut abziehen. Stielansätze und Kerne entfernen. Das Fruchtfleisch in Würfel schneiden.

6 30 Gramm Butter erhitzen und die restlichen Zwiebelwürfel mit den Tomaten darin andünsten. Rucola zugeben und etwa 4 Minuten dünsten. Dabei eventuell ein wenig Wasser zugeben, damit nichts anbrennt.

7 Für die Salbeibutter die restliche Butter (90 g) in einer Pfanne bräunen lassen, mit Salz und Pfeffer würzen und ganz zum Schluss den in Streifen geschnittenen Salbei zugeben.

8 Zum Anrichten den sautierten Rucola jeweils in die Mitte der Portionsteller geben. Darauf die abgetropften Knödel setzen und diese mit der heißen Salbeibutter übergießen.

TIPPS

- Falls Sie keinen Graukäse bekommen, können Sie für dieses Rezept auch Harzer Käse verwenden.
- Als Beilage passen dazu frische grüne Blattsalate.

BÄRLAUCHPFANNKUCHEN, SPARGEL UND BÄRLAUCHHOLLANDAISE

Die Rezepte auf dieser Doppelseite eröffnen Ihnen gleich mehrere Möglichkeiten, ein ungewöhnliches Sommergericht zu servieren:

Serviervorschlag I
Der Bärlauchpfannkuchen ergänzt perfekt den gekochten Stangenspargel mit Bärlauchhollandaise.

Serviervorschlag II
Sie können den Bärlauchpfannkuchen aber auch solo, nur mit brauner Butter und einem frischen Salat, servieren.

Serviervorschlag III
Bei Peter Brunner im Münchner Arabella-Sheraton-Hotel ist der »Bärlauchpfannkuchen mit Spargel und gekochtem Schinken gefüllt und mit Andechser Bergkäse überbacken« seit Jahren ein absoluter Renner. Peter Brunner serviert ihn gern mit brauner Butter und neuen Kartoffeln.
Hierzu den fertigen Bärlauchpfannkuchen mit hauchdünnen Schinkenscheiben (Parma- oder spanischer Serranoschinken, Schwarzwälder Schinken oder gekochter Hinterschinken) sowie 6 bis 8 Stangen frisch gekochtem Spargel füllen, den Pfannkuchen zusammenklappen, mit würzigen Käsescheiben (zum Beispiel Andechser Bergkäse) belegen und im Backofen (am besten nur mit Oberhitze) überbacken, bis der Käse zerlaufen ist und eine hellbraune Farbe hat. Dazu passt ein trockener Weißwein.

BÄRLAUCHPFANNKUCHEN

ZUTATEN
- *250 g Mehl*
- *80 g Quark*
- *1/2 l Milch*
- *Salz*
- *4 Eier*
- *12 Bärlauchblätter*
- *150 g Butter*
- *Butter zum Ausbacken*

1 Mehl in eine Schüssel sieben. Quark, Milch und Salz einrühren und das Mehl glatt rühren.

2 Zwei Eier zugeben, die restlichen Eier trennen. Eigelbe zufügen, Eiweiß steif schlagen und unterheben.

3 Etwas Butter in einer Pfanne schmelzen lassen, ein Viertel des Teiges langsam in die Pfanne gießen. Sofort drei Bärlauchblätter nebeneinander auf den noch feuchten Teig legen und den Pfannkuchen von beiden Seiten bei nicht zu großer Hitze goldbraun ausbacken.

4 Den durchgebackenen Pfannkuchen abgedeckt im Backofen heiß stellen, bis alle Pfannkuchen fertig sind. Die restlichen drei Pfannkuchen auf die gleiche Weise backen. Mit brauner Butter servieren.

5 Für die braune Butter in einem Töpfchen 150 Gramm Butter schmelzen und leicht bräunen lassen. Man serviert die braune Butter am besten in eine sehr gut vorgewärmten Sauciere, damit sie heiß bleibt.

SPARGEL UND BÄRLAUCHHOLLANDAISE

ZUTATEN

Für den Spargel

- *2 kg Spargel (pro Person 500 g)*
- *Salz*
- *Zucker*
- *1 EL Butter*

Für die Hollandaise

- *1–2 Bund Bärlauch*
- *250 g Butter*
- *3 Eigelb*
- *200 ml Weißwein*
- *Salz*
- *Zitronensaft*

1 Spargel schälen. In einem großen Topf reichlich Wasser zum Kochen bringen und dieses mit Salz und Zucker zu gleichen Teilen würzen. Butter zugeben. Spargel in das kochende Wasser einlegen, kurz aufkochen lassen, die Hitze zurücknehmen und den Spargel etwa 15 Minuten ziehen lassen. Er ist fertig, wenn Sie die Stangen mit einer Gabel leicht aufspießen können.

2 In der Zwischenzeit die Hollandaise zubereiten: Bärlauch waschen, trockentupfen und fein hacken. Butter in einem Töpfchen schmelzen (nicht heiß werden lassen) und warm halten.

3 Eigelb und Weißwein in einer Schüssel verquirlen und in ein Wasserbad stellen. Die Eigelb-Wein-Masse mit einem Schneebesen über dem Wasserbad in Bewegung halten, bis sie Bindung bekommt. Das dauert etwa 3 Minuten, dabei immer wieder auch den Rand abrühren. Das Wasserbad darf nicht kochen, sonst gerinnt das Eigelb!

4 Die geschmolzene Butter tröpfchenweise in die Eigelb-Wein-Masse rühren. Zwischendurch wird die Sauce einmal sehr fest; geben Sie zu diesem Zeitpunkt ein paar Tropfen warmes Wasser zu (besser: etwas warmen Spargelsud), und rühren Sie weiter. Danach die restliche Butter einrühren.

5 Jetzt erst die Sauce salzen und mit Zitronensaft abschmecken. Die fertige Sauce warm stellen und im letzten Moment vor dem Servieren den gehackten Bärlauch einrühren.

TIPPS

- Es ist wichtig, die Sauce erst zu würzen, wenn sie fertig ist, sonst gerinnt sie.
- Diese Bärlauchhollandaise harmoniert übrigens auch ausgezeichnet mit natur gegrillten Steaks oder Fischfilets.

RUSTIKALE KARTOFFELTORTILLA MIT RUCOLA

ZUTATEN
- *500 g fest kochende Kartoffeln*
- *1 Zwiebel*
- *3 Knoblauchzehen*
- *1 getrocknete Chilischote*
- *3 EL Olivenöl*
- *2 Bund Rucola*
- *5 Eier*
- *Salz, Pfeffer*

1 Kartoffeln kochen, schälen und in Scheiben schneiden. Zwiebel und Knoblauch abziehen und fein hacken.

2 Die Chilischote fein zerbröseln. In 1 Esslöffel heißem Olivenöl Zwiebel, Knoblauch und Chilischote anbraten. Kartoffeln zufügen, alles gut mischen, mit Salz und Pfeffer abschmecken und erkalten lassen.

3 Vom Rucola die Stiele entfernen, die Blätter waschen und trockentupfen. 8 Blätter beiseite legen, Rest fein hacken.

4 Die Eier verquirlen. Rucola und Kartoffelmasse zufügen. In einer Pfanne das restliche Öl erhitzen, die Tortillamasse hineingeben und bei ganz milder Hitze sanft stocken lassen.

5 Nach etwa 5 Minuten die Tortilla auf einen großen flachen Topfdeckel oder einen Teller und von diesem umgedreht wieder in die Pfanne gleiten lassen. Die zweite Seite der Tortilla garen.

6 Tortilla auf einer Platte anrichten und mit den restlichen Rucolablättern garnieren. Zum Servieren wie eine Torte in Stücke schneiden.

TIPP Mit einem Glas spanischem Rotwein und frischem grünem Salat schmeckt die Tortilla als kleines Abendessen.

RUCOLA-GRÜNKERN-BRATLINGE

ZUTATEN
- *Salz*
- *1 Lorbeerblatt*
- *200 g Grünkernschrot*
- *1 Bund Rucola*
- *1 kleine Zwiebel*
- *1 Ei*
- *1 EL Butter*
- *Salz, Pfeffer*
- *Butter zum Braten*

1 400 Milliliter Wasser zum Kochen bringen, salzen und das Lorbeerblatt zufügen. Grünkern einrühren, den Topf vom Herd ziehen und den Grünkern zugedeckt 15 Minuten ausquellen lassen.

2 Rucola waschen, trockentupfen und fein schneiden. Zwiebel abziehen und fein hacken.

3 Grünkernmasse abkühlen lassen, Lorbeerblatt herausnehmen. Zwiebel, Rucola, Ei und Butter unterrühren. Salzen und pfeffern. Aus der Masse kleine Bratlinge formen und in der heißen Butter goldbraun backen.

TIPP Dazu schmeckt Salat, feines Kohlrabigemüse oder Tomatensauce.

Bärlauch-Torteletts mit Kohlrabi

1 Bärlauch waschen, trockentupfen und sehr fein wiegen. Mehl, Butter, Weißwein, Salz und Bärlauch zu einem Teig verarbeiten und diesen kalt stellen.

2 Kohlrabi schälen und grob raspeln. Käse reiben. Kohlrabi und Käse mit Zitronensaft, Sahne und Ei mischen. Mit Salz und Pfeffer abschmecken.

3 Den Backofen auf 180 °C (Umluft 160 °C, Gas Stufe 2) vorheizen. Den Teig dünn auswellen, in ausgebutterte Tortelett-Förmchen legen und den Boden mit einer Gabel mehrmals einstechen.

4 Belag auf den Teigböden verteilen. Die Torteletts im Backofen 20 bis 25 Minuten backen.

5 Das halbe Bund Bärlauch für den Belag waschen, trockentupfen und klein schneiden. Auf den fertigen Törtchen verteilen. Die Torteletts warm servieren.

ZUTATEN

Für den Teig

- *1 Bund Bärlauch*
- *100 g Mehl*
- *50 g kalte Butter*
- *2 EL Weißwein*
- *1/2 TL Salz*

Für den Belag

- *250 g Kohlrabi*
- *50 g Bergkäse*
- *1 EL Zitronensaft*
- *4 EL Sahne*
- *1 Ei*
- *Salz, Pfeffer*
- *1/2 Bund Bärlauch*

Dinkelreisrisotto mit Bärlauch und grünem Spargel

1 In einem Topf 2 große Tassen Wasser mit wenig Salz zum Kochen bringen. Dinkelreis dazugeben und bei schwacher Hitze 10 Minuten leise kochen lassen.

2 Spargel waschen, eventuell schälen und in 3 Zentimeter lange Stücke schneiden. Parmesan reiben.

3 Schalotte abziehen, würfeln und in 1 Teelöffel heißer Butter glasig dünsten. Spargel zugeben und mit der Hälfte der Gemüsebrühe aufgießen.

4 Alles zum gegarten Dinkelreis gießen. Weitere 10 Minuten unter ständigem Rühren kochen lassen. Dabei nach Bedarf die restliche heiße Gemüsebrühe zufügen.

5 Gegen Ende der Kochzeit Sahne und Bärlauchpaste untermischen. Den Risotto noch kurz ziehen lassen, salzen und pfeffern. Er ist fertig, wenn er eine cremige Konsistenz hat, die Körner aber noch Biss haben.

6 Vor dem Servieren Parmesan und restliche Butter in Flöckchen unterziehen.

ZUTATEN

- *1 große Tasse parboiled Dinkelreis*
- *Salz*
- *200 g grüner Spargel*
- *30 g Parmesan*
- *1 Schalotte*
- *2 EL Butter*
- *Etwa 1/2 l Gemüsebrühe*
- *150 g Sahne*
- *1 1/2 EL Bärlauchpaste (Rezept ➼ Seite 84)*
- *Salz, Pfeffer*

Hauptgerichte mit Fleisch & Fisch

Frühlingsgrün mit Fleisch und Fisch

Die so vielseitigen Vitaminlieferanten Bärlauch und Rucola harmonieren auch mit Fleisch und Fisch aufs Allerfeinste. Den Cannelloni gibt Bärlauch den besonderen Geschmack, verblüffend einfach ist die raffinierte Schinken-Käse-Roulade gemacht. Fürs richtig große Festmahl eignet sich das Rinderfilet im Bärlauchmantel. Und Liebhaber der feinen Fischküche erklären sicher das Lachsrisotto mit Rucola zu ihrem Lieblingsgericht – oder doch die Scampi in Bärlauchsauce?

Rucolafrittelle

ZUTATEN

- *1 Bund Rucola*
- *80 g Parmesan*
- *4 Eier*
- *4 EL Mehl*
- *Salz, Pfeffer*
- *Butter zum Ausbacken*
- *16 hauchdünne Scheiben Parmaschinken*

1 Rucola waschen, trockentupfen und die groben Stiele entfernen. Die Blätter klein schneiden. Parmesan reiben.

2 Eier, Mehl und Parmesan in einer Schüssel gut verrühren. Mit Salz und Pfeffer würzen. Den klein geschnittenen Rucola dazugeben.

3 Etwas Butter in der Pfanne erhitzen. Esslöffelweise den Teig in die Pfanne geben und glatt streichen. Wenn die Unterseite der Küchlein goldbraun ist, die Küchlein wenden und auch die andere Seite abbacken.

4 Jedes Küchlein mit einer Scheibe Schinken belegen und warm stellen, bis alle Frittelle gebacken sind. Auf diese Weise 16 Frittelle herstellen.

TIPPS

- Dazu schmecken Frühlingsgemüse, zum Beispiel Kohlrabi mit Karotten, und knuspriges Stangenweißbrot.
- Frittelle schmecken auch kalt als Vorspeise wunderbar!

GRATINIERTE CANNELLONI MIT HACKFLEISCH-BÄRLAUCH-FÜLLUNG

1 Für die Füllung die Zwiebel abziehen und fein hacken. Im heißen Rapsöl andünsten. Hackfleisch dazugeben und anbraten.

2 Knoblauchzehen abziehen und durch die Knoblauchpresse zum Fleisch drücken. Mehl darüber stäuben und das Fleisch gut durchrühren. Geschälte Tomaten zugeben und die Fleischsauce etwa 10 Minuten bei geringer Hitze kochen lassen.

3 In der Zwischenzeit den Bärlauch waschen, trockentupfen und klein schneiden. Parmesan zum Gratinieren reiben. Etwa drei Viertel des Bärlauchs in die Fleischsauce rühren. Die Sauce mit Salz und Pfeffer kräftig würzen und abkühlen lassen. Den Backofen auf 200 °C (Umluft 180 °C, Gas Stufe 3) vorheizen.

4 Lasagneblätter in reichlich Salzwasser bissfest kochen. Abgießen und sofort nebeneinander auf ein feuchtes Tuch oder auf Alufolie legen, damit sie nicht zusammenkleben.

5 Füllung auf die Lasagneblätter verteilen und die Blätter zu Cannelloni aufrollen. Sofort in eine mit Öl ausgepinselte flache Auflaufform legen.

6 Sahne über die Cannelloni gießen und geriebenen Parmesan darüber streuen. Die Cannelloni im vorgeheizten Backofen zunächst 10 Minuten gratinieren.

7 Mit dem restlichen Bärlauch bestreuen und die Backofentemperatur auf 220 °C (Umluft 200 °C, Gas Stufe 4) erhöhen. Die Cannelloni bei dieser Temperatur weitere 5 bis 7 Minuten überbacken.

TIPP Schneller geht es mit fertigen Cannellonirollen, die nicht gekocht werden müssen. Bei den Garzeiten und -temperaturen achten Sie dann bitte auf die Anweisungen auf der Verpackung.

ZUTATEN

- *1 Zwiebel*
- *1 EL Rapsöl*
- *400 g gemischtes Hackfleisch*
- *2 Knoblauchzehen*
- *1 EL Mehl*
- *1 Dose geschälte Tomaten (etwa 400 g)*
- *2 Bund Bärlauch*
- *1/2 TL Salz*
- *Pfeffer*
- *16 Lasagneblätter*
- *Olivenöl für die Form*

Zum Gratinieren

- *250 g Sahne*
- *50 g Parmesan*

Gedünsteter Rucola mit gebratenen Putenbruststreifen

Zutaten

- *4 Bund Rucola*
- *80 g Cocktailtomaten*
- *1 kleine Zwiebel*
- *1 rote Paprikaschote*
- *1 gelbe Paprikaschote*
- *60 g Butter*
- *100 g Erdnüsse, gesalzen*
- *100 ml trockener Weißwein*
- *100 ml Gemüse- oder Fleischbrühe*
- *Pfeffer*
- *600–800 g Putenbrust*
- *Currypulver*
- *Paprika edelsüß*
- *Salz*

1 Rucola waschen, von den Stielen befreien und trockentupfen. Cocktailtomaten waschen und halbieren. Zwiebel abziehen und fein würfeln. Paprikaschoten waschen, putzen und das Fruchtfleisch würfeln.

2 Die Hälfte der Zwiebelwürfel, die Paprikawürfel, die halbierten Cocktailtomaten und die Erdnüsse in der Hälfte der Butter andünsten, ohne dass sie Farbe annehmen. Mit Weißwein und Brühe ablöschen.

3 Rucola zugeben und kurz mitdünsten, bis er zusammenfällt. Mit Pfeffer aus der Mühle abschmecken. (Vorsicht, die Erdnüsse sind meist gut gesalzen, deshalb nur bei Bedarf nachsalzen!)

4 Putenbrust waschen, trockentupfen und von Sehnen und Hautresten befreien. Fleisch in Streifen schneiden und mit den restlichen Zwiebelwürfeln in der übrigen Butter anbraten. Das Fleisch mit Curry, Paprika und Salz herzhaft würzen und unter Rühren fertig garen.

5 Zum Servieren die Putenstreifen jeweils in die Mitte von Portionstellern geben und den gedünsteten Rucola rundherum anrichten.

TIPP Mit frischem Brot oder mit neuen Kartoffeln serviert, ist dies ein leichtes, vollwertiges Sommergericht, das durch seine ungewöhnlichen Geschmackskombinationen besticht.

Paillards mit Bärlauch-Pfeffer-Sauce

Zutaten

- *4 dünne Kalbsschnitzel (à etwa 120 g)*
- *2 EL Olivenöl*
- *3 Bund Bärlauch*
- *2 EL Butter*
- *200 g Sahne*
- *2 EL eingelegte grüne Pfefferkörner*
- *Salz, Pfeffer*

1 Kalbsschnitzel halbieren und ganz dünn klopfen. Mit Öl bestreichen.

2 Bärlauch waschen, trockentupfen und in Streifen schneiden. 1 Esslöffel davon zum Garnieren beiseite stellen. Bärlauch in der Butter einige Minuten dünsten. Mit dem Mixstab pürieren und dabei die Sahne zugießen. Pfefferkörner einrühren und die Sauce noch einmal erhitzen.

3 In einer Pfanne die Schnitzel von beiden Seiten braten. Salzen und pfeffern. Auf der Sauce anrichten und mit Bärlauch bestreuen.

SCHINKEN-KÄSE-RUCOLA-ROULADEN

ZUTATEN
- *1 Bund Rucola*
- *1 Zwiebel*
- *Öl zum Braten*
- *Salz, Pfeffer*
- *8 Scheiben gekochter Schinken*
- *8 Scheiben Emmentaler*
- *4 EL Mehl*
- *1 Ei*
- *6 EL Paniermehl*

1 Rucola waschen, von den groben Stielen befreien und trockentupfen. Blätter in Streifen schneiden.

2 Zwiebel abziehen und fein würfeln. Zwiebelwürfel in heißem Öl anrösten. Geschnittenen Rucola kurz mitbraten und die Masse mit Salz und Pfeffer abschmecken.

3 Auf jede Scheibe Schinken 1 Käsescheibe und 1 Esslöffel Rucola-Zwiebel-Masse geben. Den gefüllten Schinken aufrollen (eventuell mit Holzstäbchen befestigen). Die Schinkenrollen zuerst in Mehl, dann in verquirltem Ei und dann im Paniermehl wenden und nacheinander im heißen Öl von beiden Seiten goldbraun ausbraten.

TIPPS
- Dieses leckere Schnellgericht wird zu einer vollständigen Mahlzeit, wenn Sie Kartoffelbrei und einen frischen grünen Salat dazu servieren.
- Als Getränk passt dazu am besten Bier.

QUARK-RUCOLA-PLINSEN

ZUTATEN
- *150 g gekochter Schinken*
- *1 Bund Rucola*
- *250 g Magerquark*
- *Etwa $^1/_2$ Tasse Milch*
- *150 g Grieß*
- *4 EL Semmelbrösel*
- *1 TL Salz*
- *$^1/_2$ TL Pfeffer*
- *1 TL Worcestersauce*
- *1 TL Paprikamark*
- *Butter, Öl oder Schmalz zum Braten*

1 Vom Schinken eventuelle Fettränder entfernen und den Schinken in kleine Würfel schneiden. Rucola waschen, trockentupfen und klein schneiden.

2 Quark mit allen Zutaten verrühren und abschmecken. Schinkenwürfel und geschnittenen Rucola zum Schluss unterrühren.

3 Die Masse 30 Minuten ziehen lassen. Falls der Teig dann zu fest ist, noch etwas Milch zugeben. Plinsen (kleine, etwas dickere Pfannkuchen) formen und im heißen Fett von beiden Seiten knusprig braun braten.

TIPP Die warmen Plinsen kann man zusätzlich noch mit ganz dünn aufgeschnittenem rohem Schinken oder mit dünnen Käsescheiben belegen und mit frischem Blattsalat servieren.

Kotelett mit Mozzarellafüllung und Bärlauchkruste

Zutaten

- *2 Kugeln Mozzarella (à 125 g)*
- *1/2 Bund Rucola*
- *4 Schweinekoteletts (à etwa 220 g)*
- *Salz, Pfeffer*
- *Butter zum Braten*

Für die Bärlauchkruste

- *150 g Weißbrot (ohne Rinde)*
- *8 Bärlauchblätter*
- *80 g zimmerwarme Butter*
- *2 Eigelb*
- *1 EL Dijonsenf*
- *Salz, Pfeffer*

1 Mozzarella in kleine Würfel schneiden. Rucola waschen, trockentupfen und fein hacken. Rucola und Mozzarella mischen.

2 Fleisch abbrausen und trockentupfen. In die Fleischstücke seitlich eine Tasche einschneiden oder diese Tasche schon beim Metzger einschneiden lassen.

3 Mozzarella-Rucola-Füllung in die Fleischstücke füllen und jeweils mit einem Holzstäbchen verschließen. Fleisch auf beiden Seiten mit Salz und Pfeffer würzen. Koteletts rundherum in der heißen Butter anbraten und beiseite stellen. Backofen auf 200 °C (Umluft 180 °C, Gas Stufe 3) vorheizen.

4 Für die Bärlauchkruste das Weißbrot fein zerbröseln. Bärlauch waschen, trockentupfen und fein schneiden. Butter schaumig rühren. Nach und nach zerbröseltes Weißbrot, Eigelb, Senf und geschnittenen Bärlauch zugeben. Die Masse mit Salz und Pfeffer pikant abschmecken.

5 Koteletts auf ein Backblech legen und auf der Oberseite mit der Bärlauchmasse bestreichen. Die Koteletts im vorgeheizten Backofen in etwa 10 Minuten fertig garen, bis die Kruste goldbraun und das Fleisch zwar durchgebraten, aber noch saftig ist.

Tipps

- Vorsicht: Die Kruste bekommt durch das verwendete Eigelb recht schnell Farbe! Eventuell das Fleisch zwischendurch mit Alufolie abdecken und zum Schluss noch kurz ohne Alufolie überbacken, damit die Kruste wieder knusprig wird.
- Dazu passen kleine Kartöffelchen und diese feine Rahmsauce: Als Basis verwenden Sie 1/2 Liter Kalbsfond (fertig gekauft). Dieser wird erhitzt und mit 125 Gramm Crème fraîche verrührt. Mit einem guten Schuss trockenem Weißwein und einer Prise Chilipulver abrunden und separat zum Kotelett servieren.
- Besonders fein, aber auch teurer wird dieses Gericht, wenn Sie Kalbskoteletts dafür verwenden.

ZUTATEN

- *700–900 g Rinderfilet*
- *Salz, Pfeffer*
- *Butter zum Braten*
- *250 g Blätterteig (TK)*
- *1 Zwiebel*
- *200 g Champignons oder Egerlinge*
- *200 g gekochter Schinken*
- *50 g Butter*
- *2 EL Tomatenmark*
- *20 Bärlauchblätter*
- *1 Bund Basilikum*
- *1 Bund Petersilie*
- *1 Ei*

Rinderfilet im Bärlauchmantel

1 Das Rinderfilet von Sehnen befreien, abbrausen, trockentupfen und mit Salz und Pfeffer würzen. Das Filet in heißem Fett von allen Seiten scharf anbraten und beiseite stellen. Blätterteig 10 Minuten antauen lassen.

2 In der Zwischenzeit die Füllung zubereiten: Zwiebel abziehen und Pilze putzen. Schinken, Zwiebel und Pilze fein schneiden und in der heißen Butter andünsten. Tomatenmark zugeben, kurz weiter dünsten und 5 Esslöffel Wasser zufügen.

3 Kräuter waschen und trockentupfen. Bärlauch beiseite stellen, Basilikum und Petersilie fein hacken und zur Pilz-Schinken-Masse geben. Die Füllung mit Pfeffer würzen. Das Ei trennen.

4 Blätterteig mit einem Nudelholz auf wenig Mehl noch leicht ausrollen. Die Teigplatten je nach Größe des Filets auf einem bemehlten Küchentuch zusammensetzen und an den Rändern mit Eiweiß zusammenkleben. Den Backofen auf 220 °C (Umluft 200 °C, Gas Stufe 4) vorheizen.

5 Die Blätterteigplatte mit Bärlauchblättern auslegen. Ein Drittel der Füllung in der Mitte der Teigplatte verteilen, das angebratene Filet darauf setzen, mit der restlichen Füllung das Filet rundrum bestreichen. Den Blätterteig über dem Filet zusammenschlagen. Die Ränder wieder mit Eiweiß verkleben und gut zusammendrücken. Das Filet muss komplett in den Teigmantel gewickelt sein. Das Filetpäckchen auf ein mit Backpapier ausgelegtes Backblech setzen und mit Eigelb bestreichen.

6 Im Backofen 10 Minuten backen, bis es hellbraun ist, dann die Temperatur auf 160 °C (Umluft 140 °C, Gas Stufe 1–2) reduzieren. Je nach Stärke des Filets benötigt das Fleisch nun weitere 20 bis 30 Minuten, damit es innen schön saftig und rosa ist.

7 Vor dem Anschneiden das Filet noch 5 Minuten zugedeckt ruhen lassen und dann – eventuell sogar vor den Gästen – in gut fingerdicke Scheiben schneiden.

TIPPS

- Sie können das ungebackene Rinderfiletpäckchen einige Stunden zuvor vorbereiten (länger allerdings nicht) und kühl stellen. Etwa 30 Minuten vor dem Essen schieben Sie das Filet dann in den Backofen.
- Sollte etwas Teig übrig sein, schneiden Sie daraus eine Verzierung – etwa Sonne, Blume, Blätter oder Rautenmuster – und kleben sie mit etwas Eiweiß auf das Teigpäckchen.

GEDÄMPFTES RINDERFILET AUF BÄRLAUCHSAUCE

ZUTATEN
- *1/2 l ungesalzener Rinderfond*
- *2 Stängel Petersilie*
- *2 Lorbeerblätter*
- *2 kleine Rinderfilets (à 400–500 g)*
- *1/2 l Milch*
- *500 g Sahne*
- *2 Scheiben Weißbrot*
- *1 Bund Bärlauch*
- *1 TL Zitronensaft*
- *Salz, Pfeffer*

1 Rinderfond in einem großen Topf mit Dämpfeinsatz aufkochen, Kräuter dazugeben. Filets auf den Dämpfeinsatz legen.

2 Zugedeckt 5 Minuten dämpfen, nach der Hälfte der Garzeit die Filets umdrehen. Auf diese Weise werden die Filets englisch gegart, das heißt, sie sind innen noch blutig. Sollen die Filets gut durchgegart sein, müssen sie etwa 20 Minuten gedämpft werden. Stechen Sie zum Test in die dickste Stelle des Fleisches: Wenn der austretende Fleischsaft klar und nicht mehr blutig ist, dann ist das Fleisch durchgegart. Filets herausnehmen und warm stellen.

3 Weißbrot in Wasser einweichen. Rinderfond durchseihen, mit Milch und Sahne aufkochen und auf die Hälfte einkochen lassen. In der Zwischenzeit den Bärlauch waschen, trockentupfen und sehr fein schneiden.

4 Weißbrot ausdrücken und in die eingekochte Sauce geben. Die Sauce mit dem Mixstab pürieren. Bärlauch dazugeben und die Sauce mit Zitronensaft, Salz und Pfeffer abschmecken.

5 Zum Servieren die Filets in dickere Scheiben schneiden und mit der Sauce umkränzen.

KALBSLEBER IN BÄRLAUCH GEBRATEN

ZUTATEN
- *1 Bund Bärlauch*
- *750 g Kalbsleber in Scheiben*
- *Mehl*
- *Butter zum Braten*
- *Salz, Pfeffer*

1 Bärlauch waschen, trockentupfen und in feine Streifen schneiden. Leberscheiben in Mehl wenden.

2 Butter in einer Pfanne zerlassen, die Leber einlegen und langsam bei schwacher Hitze von beiden Seiten garen. Das dauert etwa 4 Minuten. Die Bärlauchstreifen zugeben und die Leber mit Salz und Pfeffer würzen.

TIPPS
- Eine fantastische Ergänzung zur Leber ist das Kartoffel-Bärlauch-Püree (Rezept → Seite 88).
- Die Leber benötigt nur eine kurze Garzeit, deshalb sollten Sie erst mit dem Braten beginnen, wenn die Beilagen beinahe fertig sind.
- Lassen Sie das feine Häutchen auf der Leber vom Metzger entfernen.

SCHWEINEFILETROLLE MIT BÄRLAUCHFÜLLUNG

1 Speck in Streifen schneiden. Zwiebel abziehen und ebenso wie den Gouda würfeln. Bärlauch waschen, trockentupfen und in Streifen schneiden.

2 Speck scharf anbraten, bis er etwas bräunt. Zwiebelwürfel mitbraten, bis der Speck ganz braun ist. Wein dazugeben und etwas einkochen lassen. Die Masse erkalten lassen.

3 Nun Bärlauch oder Bärlauchpaste und Käsewürfel dazugeben und alles mit Salz und Pfeffer würzen. Den Backofen auf 100 °C (Umluft 80 °C) vorheizen.

4 Das Filet mit einem scharfen Messer in der Mitte längs einschneiden und aufklappen. Das Fleisch zu einem Rechteck klopfen. Innen und außen mit Salz und Pfeffer würzen. Die Füllung auf der Innenseite verteilen und das Filetrechteck von der schmalen Seite her zur Spitze hin fest aufrollen. Mit Holzzahnstochern verschließen.

5 Das Fleisch rundherum mit Öl einpinseln und in einem heißen Bräter 2 bis 3 Minuten von allen Seiten scharf anbraten. Den Bräter in den Backofen schieben und das Fleisch etwa 60 Minuten langsam garen. Wenn das Fleisch vor Ende der Garzeit an der Oberfläche zu dunkel wird, ein mit Butter bepinseltes Pergamentpapier auf den Braten legen.

6 Zum Servieren die Zahnstocher entfernen und das Filet in dünne Scheiben schneiden.

TIPPS

- Als Beilage passen zur Schweinefiletrolle am besten feine Kartoffelgerichte: etwa Kartoffelbrei oder Salzkartoffeln. Für ein besonders festliches Essen könnten Sie auch Herzoginkartoffeln zubereiten: Dafür 750 Gramm gekochte Kartoffeln durch die Kartoffelpresse drücken. 50 Gramm Butter und 3 Eigelb unterrühren und mit Salz, Pfeffer und Muskat würzen. Die Masse in einen Spritzbeutel mit Sterntülle füllen und große Rosetten auf ein mit Backpapier ausgelegtes Blech spritzen. Diese Rosetten im Backofen bei 250 °C oder unter dem Grill in 5 bis 10 Minuten schön goldgelb backen.
- Für eine schnelle Sauce zur Filetrolle kochen Sie den Bratensatz im Bräter mit einem Glas Sherry auf, verfeinern die Sauce mit 100 Gramm Crème fraîche und schmecken mit Salz und Pfeffer ab.

ZUTATEN

- *100 g Frühstücksspeck*
- *1 Zwiebel*
- *100 g mittelalter Gouda*
- *1 Bund Bärlauch oder 20 g Bärlauchpaste (Rezept ➳ Seite 84)*
- *2 EL Weißwein*
- *Salz, Pfeffer*
- *600 g Schweinefilet*
- *Öl zum Braten*
- *1 EL Butter*

ZUTATEN

- *200 g weiche Butter*
- *125 g Zucker*
- *1 Pck. Vanillezucker*
- *1 Prise Salz*
- *4 Eier*
- *250 ml Milch*
- *250 g Mehl mit Weizenkeimen*
- *100 g fein gehackte Walnusskerne*
- *1/2 TL Backpulver*
- *Ahornsirup*

Meeresfrüchte-Bärlauch-Spiess auf Safransauce

ZUTATEN

- *750 g Fischfilet und Meeresfrüchte (festfleischiges Fischfilet wie Seeteufel, Haifisch, Tunfisch, See- oder Rotzungen sowie Scampi ohne Schale, Jakobsmuscheln, Tintenfisch)*
- *20 Bärlauchblätter*
- *1 Frühlingszwiebel*
- *1 g Safranpulver*
- *3 EL Mehl*
- *1/8 l trockener Weißwein*
- *1/4 l Fischfond (fertig gekauft)*
- *250 g Sahne*
- *Salz*
- *Cayennepfeffer*
- *125 g Crème fraîche*
- *Butter und Pflanzenöl zum Braten*
- *Zitronensaft*

1 Fisch und Meeresfrüchte putzen, waschen und trockentupfen. In gleich große Würfel von etwa 2 × 2 Zentimetern schneiden (das entspricht in etwa der Größe des Jakobsmuschelfleisches). Bärlauch waschen und trockentupfen.

2 Fisch- und Meeresfrüchtewürfel gleichmäßig verteilt auf vier Schaschlikspieße aus Holz oder Metall aufstecken. Dabei nach jedem Fischstückchen ein Bärlauchblatt auf dieselbe Größe zusammenfalten und dazwischen stecken.

3 Für die Safransauce die Frühlingszwiebel waschen und in feine Ringe schneiden. Die Frühlingszwiebelringe in Butter andünsten, ohne dass sie Farbe annehmen. Safran und 1 Esslöffel Mehl zugeben, kurz durchrühren, mit dem Weißwein ablöschen und mit dem Fischfond auffüllen. Die Sauce kurz durchkochen lassen.

4 Die Sahne zugeben und bei mäßiger Hitze 3 Minuten einkochen lassen. Die Sauce mit Salz und etwas Cayennepfeffer abschmecken. Crème fraîche zugeben und die Sauce warm stellen.

5 Die Spieße mit Salz und Zitronensaft würzen, in Mehl wenden und in der Pfanne mit Pflanzenöl von allen Seiten langsam braten (nicht zu häufig wenden, das Fleisch ist empfindlich!).

6 Die fertig gebratenen Spieße auf Portionsteller setzen. Jeden Spieß mit der Safransauce umkränzen.

TIPPS

- Naturreis oder feine Nudeln, zum Beispiel Tagliatelle, schmecken als Beilage.
- Das ideale Getränk dazu ist ein frischer, junger Weißwein.

ZUTATEN

- *100 ml trockener Wermut*
- *400 ml Fischfond*
- *200 g Crème fraîche*
- *Salz, Pfeffer*
- *Abgeriebene Schale von 1/2 Zitrone*
- *1 Bund Bärlauch*
- *12 Seezungenfilets mit Haut (etwa 750 g)*
- *Zitronensaft*
- *12 Scheiben Räucherlachs*
- *Butter*

SEEZUNGENRÖLLCHEN MIT RÄUCHERLACHS UND BÄRLAUCHSAUCE

1 Für die Sauce Wermut und Fischfond bei großer Hitze auf 200 Milliliter einkochen. Die Crème fraîche unter Rühren hinzufügen und die Sauce weitere 10 Minuten einkochen lassen. Die Sauce mit Salz, Pfeffer und Zitronenschale abschmecken und warm stellen.

2 Den Bärlauch waschen, trockentupfen und in sehr feine Streifen schneiden. Die Hälfte davon für die Sauce, den Rest für den Fisch verwenden.

3 Die Fischfilets mit Salz, Pfeffer und Zitronensaft würzen. Mit der Hautseite nach oben nebeneinander legen, mit der Hälfte des Bärlauchs bestreuen und je 1 Scheibe Räucherlachs darauf legen. Die Filets fest aufrollen und jedes Röllchen mit einem Holzzahnstocher befestigen, indem man es einfach quer aufspießt.

4 In einer großen Pfanne Butter erhitzen und die Röllchen von allen Seiten kurz anbraten, bis der Fisch nicht mehr glasig ist. Die zweite Hälfte des Bärlauchs in die warm gestellte Sauce geben. Die Sauce über den Fisch in der Pfanne gießen und vorsichtig die Zahnstocher entfernen. Den Fisch sofort auf vorgewärmte Portionsteller verteilen und ganz heiß servieren.

TIPPS

- Dieses leichte und dekorative Fischgericht eignet sich auch als Vorspeise. Dann rechnet man pro Person nur ein Fischröllchen.
- Das Gericht läßt sich vielfältig abwandeln – ganz nach Ihrem persönlichen Geschmack! Nehmen Sie zum Beispiel einmal statt der Seezunge Schollenfilet, oder verwenden Sie anstelle des Räucherlachses zum Belegen fein geschnittene Scheiben von Räucherkäse. Ebenso können Sie frischen Bärlauch durch Bärlauchpaste ersetzen: 1 gehäufter Teelöffel in die Sauce, 2 gehäufte Teelöffel zum Bestreichen des Fischfilets.

Scampi in Bärlauch gebraten

ZUTATEN
- *750–850 g frische rohe Scampi*
- *Zitronensaft*
- *Salz, Pfeffer*
- *Mehl*
- *Bärlauchöl (aus Olivenöl, Rezept* *➳ Seite 86)*
- *50 g Butter*
- *1 Bund Bärlauch*

1 Die Scampi schälen und am Rücken etwa bis zur halben Tiefe einschneiden. Den dunklen Darm entfernen und die Scampi aufklappen, sodass sich eine Schmetterlingsform ergibt. Die Scampi trockentupfen und innen und außen mit Zitronensaft, Salz und Pfeffer würzen. Leicht in Mehl wenden.

2 Bärlauchöl erhitzen und die Scampi mit der offenen Seite nach unten einlegen. Temperatur reduzieren und die Scampi von allen Seiten garen. Aus der Pfanne nehmen und das Bratfett abgießen.

3 Butter zugeben, leicht bräunen lassen und nochmals mit Zitronensaft, Salz und Pfeffer würzen.

4 Bärlauch waschen, trockentupfen und in Streifen schneiden. In die Pfanne geben und kurz erhitzen. Die Scampi wieder in die Pfanne legen und mit der Butter übergießen. Ganz heiß servieren.

TIPP Genießen Sie die Scampi mit Weißbrot oder Baguette und einem trockenen Weißwein.

Schollenfilet mit Bärlauch-Kartoffel-Salat

ZUTATEN
- *8 mittelgroße Kartoffeln*
- *Salz*
- *1/2 TL Kümmel*
- *40 g durchwachsener Speck*
- *2 Schalotten*
- *300 ml Gemüsebrühe*
- *3 EL Olivenöl*
- *40 g Butter*
- *3 EL Estragonessig*
- *Pfeffer*
- *1 Bund Bärlauch*
- *4 Schollenfilets*
- *Mehl*
- *Butter zum Braten*

1 Kartoffeln waschen, in Salzwasser mit Kümmel kochen und abgießen. Die Kartoffeln schälen und in Scheiben schneiden. Speck fein würfeln, goldbraun braten und auf Küchenpapier abtropfen lassen.

2 Schalotten abziehen, fein würfeln und in der Gemüsebrühe aufkochen. 1 Esslöffel Öl, Butter und Essig zugeben und den Sud 3 Minuten kochen lassen. Heiß über die Kartoffeln gießen, den Salat mischen und mit Salz und Pfeffer abschmecken.

3 Bärlauch waschen, trockentupfen und in feine Streifen schneiden. Die Hälfte davon unter den lauwarmen Kartoffelsalat mengen und den Salat durchziehen lassen.

4 Die Schollenfilets salzen und in Mehl wenden. Bei schwacher Hitze im restlichen Olivenöl mit etwas Butter einige Minuten von beiden Seiten braten. Die warmen Schollenfilets auf dem Bärlauch-Kartoffel-Salat anrichten. Den restlichen Bärlauch darüber streuen.

ZUTATEN
- *500 g grüner Spargel*
- *Salz*
- *Zucker*
- *100 g Butter*
- *4 EL Mehl*
- *100 ml trockener Weißwein*
- *200 g Sahne*
- *1 EL Crème fraîche*
- *$^{1}/_{2}$ Bund Bärlauch und Rucola (gemischt)*
- *Pfeffer*
- *Zitronensaft*
- *4 Lachssteaks (à 180 g)*

LACHSSTEAK AUF RUCOLA-BÄRLAUCH-SPARGEL-SAUCE

1 Für die Sauce den grünen Spargel putzen und die holzigen Enden abschneiden. In einem ausreichend großen Topf reichlich Wasser zum Kochen bringen. Das Kochwasser mit Salz und Zucker zu gleichen Teilen würzen. 1 Esslöffel Butter zugeben. Spargel in das kochende Wasser einlegen, kurz aufkochen lassen, die Hitze zurücknehmen und den Spargel etwa 15 Minuten ziehen lassen. Er ist fertig, wenn Sie die Stangen mit einer Gabel leicht aufspießen können. Beim Abgießen $^{1}/_{2}$ Liter Spargelsud aufbewahren.

2 50 Gramm Butter in einem Topf zerlassen. 1 Esslöffel Mehl zugeben und unter Rühren 2 Minuten anschwitzen. Mit Weißwein ablöschen und mit dem Spargelsud auffüllen.

3 Die Sauce 5 Minuten gut durchkochen lassen, dabei regelmäßig umrühren. Sauce durch ein Sieb passieren und mit Sahne und Crème fraîche verfeinern.

4 Bärlauch und Rucola waschen, trockentupfen und in Streifen schneiden. Gekochten Spargel in mundgerechte Stückchen schneiden und mit Rucola und Bärlauch zur Sauce geben.

5 Lachssteaks mit Salz, Pfeffer und Zitronensaft würzen. Im restlichen Mehl wenden und in der restlichen Butter von beiden Seiten braten. Gebratenen Lachs kurz auf Küchenpapier abtropfen lassen.

6 Die Spargelsauce als »Spiegel« auf vorgewärmte Portionsteller gießen und den Lachs darauf setzen.

TIPP Dazu passen feiner weißer Reis oder weißer Reis mit Wildreis gemischt, aber auch neue kleine Kartoffeln oder breite Nudeln.

Risotto mit Rucola und Lachs

Zutaten
- 1 Schalotte
- 8 EL Olivenöl
- 160 g Risottoreis (Arborio oder Carnaroli)
- 4 cl Weißwein
- 1/2 l Gemüsebrühe
- Salz
- 40 g Parmesan
- Zwei Stängel Petersilie
- 1 Bund Rucola
- 200 g Sahne
- Pfeffer
- 4 kleine Lachssteaks (à 100 g)
- 50 g Butter

1 Die Schalotte abziehen und fein würfeln. In der Hälfte des Olivenöls andünsten, Reis einstreuen und glasig dünsten.

2 Mit Weißwein ablöschen und mit einem Drittel der heißen Brühe aufgießen. Salzen und ab und zu umrühren. Sobald der Reis die Flüssigkeit aufgenommen hat, wieder Brühe nachgießen und rühren, bis die Reiskörner gar sind, aber noch Biss haben.

3 Parmesan reiben. Petersilie waschen und fein hacken. Rucola waschen, trockentupfen und klein schneiden. Einige Blätter zum Garnieren beiseite legen. Das restliche Olivenöl erhitzen und den Rucola darin schwenken. Sahne zugießen.

4 Lachssteaks salzen und pfeffern und auf den Rucola legen. Etwa 5 Minuten dämpfen, dann auf einem Teller warm stellen.

5 Rucola sehr vorsichtig unter den Risotto mischen. Den Risotto mit Parmesan, Butter und Petersilie verfeinern. Auf Tellern anrichten, die Lachsstücke darauf legen und mit den beiseite gelegten Rucolablättern umkränzen.

Schnelle Krabbenpizza mit Rucola

Zutaten
- 2 Packungen fertiger Pizzateig
- 1 Zwiebel
- 3 Knoblauchzehen
- 6 EL Olivenöl
- 200 ml Pizzatomaten (aus der Dose)
- Salz, Pfeffer, Oregano
- 250 g Mozzarella
- 1 Bund Rucola
- 500 g geschälte Krabben (TK)

1 Pizzateig auf einem mit Backpapier ausgelegten Backblech ausrollen.

2 Zwiebel und Knoblauchzehen abziehen, fein hacken und im heißen Olivenöl andünsten. Pizzatomaten zugeben und mit Salz, Pfeffer und Oregano würzen. Die Sauce etwa 10 Minuten leise kochen lassen.

3 Mozzarella in dünne Scheiben schneiden. Rucola waschen, trockentupfen und klein schneiden.

4 Die abgekühlte Tomatensauce auf dem Pizzateig verteilen. Die angetauten Krabben und die Mozzarellascheiben darauf legen.

5 Die Pizza im Backofen bei 220 °C (Umluft 200 °C, Gas Stufe 4–5) etwa 15 Minuten backen. Mit Rucola bestreuen und servieren.

TIPP Variieren Sie das Rezept ganz nach Ihrem Geschmack. Verwenden Sie zum Beispiel auch einmal gemischte Meeresfrüchte oder Fisch für den Belag.

Pesto, Saucen & Co.

Feine Kleinigkeiten

Pesto ist eine geniale Erfindung der Italiener. Wörtlich übersetzt bedeutet es »geschlagen, gestoßen«. In der südfranzösischen Küche wird eine ähnliche Sauce wie Pesto »pistou« genannt und ohne Käse zubereitet. Beiden Saucen gemeinsam ist, dass man Kräuter im Mörser zerreibt, also »stößt«, und mit Öl mischt, um sie haltbar zu machen. Nutzen wir diese geniale Erfindung der Mittelmeerländer, um die kurze Bärlauch- und Rucolazeit zu verlängern und diese feinen Sommeraromen noch in den Herbst hinein zu tragen!

Bärlauchpaste

ZUTATEN

- *3-4 Bund Bärlauch*
- *1 Teelöffel Salz*
- *100 ml hochwertiges Sonnenblumenöl*

1 Den Bärlauch waschen und trockentupfen. Die Blätter in feine Streifen schneiden und mit Salz und etwa 80 Millilitern Öl vermischen.

2 In saubere Gläser abfüllen. Glatt streichen und die Oberfläche mit 1 Zentimeter Öl bedecken. Gut verschließen.

TIPPS

- Diese Bärlauchpaste eignet sich hervorragend für alle Füllungen mit Bärlauch, zum Beispiel für Ravioli. Außerdem hält sie länger als Bärlauchpesto mit Parmesan und Pinienkernen, nämlich bis zu einem Jahr. Dazu sollte sie allerdings an einem kühlen, dunklen und trockenen Ort gelagert werden.
- Jedes Mal, wenn Sie aus dem Glas etwas Bärlauchpaste entnehmen, sollten Sie darauf achten, dass die verbleibende Paste wieder komplett von Öl bedeckt ist, damit sie nicht verdirbt.
- Als Faustregel gilt: 1 Bund frischer Bärlauch ergibt 20 Gramm Bärlauchpaste.
- Wenn Sie für ein Rezept die Paste anstelle von Bärlauchpesto verwenden, geben Sie einfach ein wenig geriebenen Parmesan zusätzlich in das Gericht.

Bärlauchpesto

Zutaten
- *500 g Bärlauch*
- *75 g Parmesan*
- *75 g Pinienkerne*
- *225 ml Olivenöl*
- *Salz, Pfeffer*

1 Bärlauch verlesen, waschen, trockentupfen und in ganz feine Streifen schneiden. Parmesan reiben und Pinienkerne fein hacken. Den geschnittenen Bärlauch mit Pinienkernen und Parmesan vermischen.

2 Mit einem Mixstab bei sehr langsamer Geschwindigkeit das Öl und das Bärlauchgemisch vermengen. Das Pesto in saubere Gläschen abfüllen und diese gut verschließen.

Peters Bärlauchpesto

Zutaten
- *20 Bärlauchblätter*
- *3 Bund Basilikum*
- *3 Knoblauchzehen*
- *100 g Pinienkerne*
- *40 g Parmesan*
- *40 g Pecorino*
- *1/2 l Olivenöl*
- *Salz, Pfeffer*

1 Bärlauch und Basilikum waschen, trockentupfen und grob zerkleinern. Knoblauch abziehen und ebenso wie die Pinienkerne grob hacken.

2 Parmesan und Pecorino reiben und mit dem Öl zu den übrigen Zutaten geben.

3 Alles zusammen mit dem Stabmixer zu einer feinen Paste verarbeiten. Mit Salz und Pfeffer abschmecken und in kleine sterilisierte Gläschen füllen. Fest verschießen.

TIPP Dieses Pesto hält sich auch ungekühlt etwa sechs Monate frisch.

Bärlauchsenf

Zutaten
- *250 g gelbe Senfkörner*
- *50 g schwarze Senfkörner*
- *4 Bund Bärlauch*
- *2 TL Ingwerpulver*
- *125 g Zucker*
- *1 TL Salz*
- *300 ml Weißweinessig*
- *200 ml Weißwein*

1 Senfkörner mindestens 2 Stunden tiefkühlen und anschließend fein mahlen. Bärlauch waschen, trockentupfen und fein schneiden. Mit Ingwer, Zucker und Salz zum Senfpulver geben.

2 Essig und Wein aufkochen. Unter ständigem Rühren die Senf-Gewürz-Mischung langsam zugeben (Vorsicht: Es steigt ein sehr scharfer Dunst aus dem Topf!) und kurz aufkochen.

3 Die Mischung noch heiß in gut gereinigte, heiß ausgespülte Gläser füllen und diese sofort gut verschließen. Den Senf vor Gebrauch mindestens 2 Wochen ziehen lassen. Der Senf ist auch ohne Kühlung an einem dunklen Ort etwa 6 Monate haltbar.

BÄRLAUCHESSIG

ZUTATEN
- *$^1/_2$ Bund Bärlauch*
- *1 Knoblauchzehe*
- *$^1/_2$ l Weißweinessig*
- *$^1/_2$ TL weiße Pfefferkörner*

1 Bärlauch waschen, trockentupfen und grob hacken. Knoblauch abziehen und vierteln. Pfefferkörner, Knoblauch und Bärlauch in eine gut verschließbare Flasche geben.

2 Essig kurz aufkochen und noch heiß in die Flasche gießen. Die Flasche gut verschließen und an einem kühlen, dunklen Ort 3 Wochen stehen lassen.

3 Den Essig abseihen und in eine saubere Flasche füllen. Kühl aufbewahrt hält sich der Essig mehrere Wochen.

TIPPS
- Wenn der heiße Essig aufgegossen wird, die Flasche auf ein nasses Tuch stellen, damit sie nicht zerspringt.
- Schmeckt gut an vielen Salaten.

BÄRLAUCHÖL

ZUTATEN
- *8 Bärlauchblätter*
- *700 ml gutes Olivenöl*

1 Bärlauch verlesen, waschen und trockentupfen. Stiele entfernen.

2 Die Blätter gleichmäßig auf zwei gut verschließbare Flaschen von jeweils mindestens $^1/_2$ Liter Inhalt verteilen.

3 Die Flaschen mit Öl auffüllen, bis die Blätter bedeckt sind. Die Flaschen gut verschließen und an einem kühlen, dunklen Ort mindestens 2 Wochen ziehen lassen.

TIPP Selbst gemachte aromatisierte Öle und Essige sind – in hübsche Flaschen abgefüllt und dekorativ etikettiert – stets ein beliebtes Mitbringsel und bei allen Gastgebern herzlich willkommen. Schöne Flaschen finden Sie in Haushaltswarengeschäften, Geschenkläden oder auch auf Flohmärkten.

BÄRLAUCHBUTTER

ZUTATEN

- *1 Bund Bärlauch*
- *200 g weiche Butter*
- *1 TL Zitronensaft*
- *Kräutersalz, Pfeffer*
- *1 1/2 TL gemahlene Haselnüsse*

1 Bärlauch waschen, trockentupfen und ganz fein schneiden oder pürieren.

2 Das Bärlauchpüree mit der weichen Butter verrühren. Zitronensaft, Kräutersalz, Pfeffer und gemahlene Haselnüsse unterrühren und vor dem Servieren etwa eine Stunde lang im Kühlschrank durchziehen lassen.

TIPPS

- Die Bärlauchbutter schmeckt als Brotaufstrich oder zu gegrilltem Fleisch.
- Wenn Sie statt Zitronensaft und Nüssen 1 Teelöffel Tabasco zugeben, erhalten Sie eine noch pikanter schmeckende Butter. Reste von Bärlauchbutter oder Bärlauchpüree können Sie sehr gut einfrieren.

KARTOFFEL-BÄRLAUCH-PÜREE

ZUTATEN

- *500 g mehlig kochende Kartoffeln*
- *1 Bund Bärlauch*
- *200 ml Milch*
- *100 ml klare Brühe*
- *Salz*
- *50 g Butter*

1 Kartoffeln in Salzwasser gar kochen. In der Zwischenzeit den Bärlauch waschen, trockentupfen und grob schneiden. Die Milch kurz aufkochen und dann vom Herd nehmen.

2 Die klare Brühe erhitzen und die geschnittenen Bärlauchblätter darin 2 bis 3 Minuten weich kochen.

3 Brühe und Bärlauch mit dem Mixstab pürieren und in die leicht gesalzene heiße Milch rühren.

4 Die gegarten Kartoffeln schälen und heiß durch die Kartoffelpresse drücken. Sofort Butter und Bärlauchmilch darunter rühren und servieren.

TIPP Dieses Püree ist ein Gedicht zu kräftigen Steaks, zu Kalbsleber oder zu Bratwürsten!

RUCOLAPESTO

ZUTATEN
- *2 Bund Rucola*
- *3 Knoblauchzehen*
- *60 g Parmesan*
- *15 EL Olivenöl*
- *Salz, Pfeffer*

1 Rucola verlesen und die Stiele entfernen. Blätter waschen, trockentupfen und sehr fein schneiden oder im Mixer bei langsamer Geschwindigkeit hacken.

2 Knoblauchzehen abziehen und durch die Knoblauchpresse dazudrücken. Den Parmesan reiben und unterrühren.

3 Unter ständigem Rühren das Öl dazugießen. Die fertige Mischung mit Salz und Pfeffer abschmecken, in saubere Gläschen füllen und diese gut verschließen.

TIPP Auch bei Rucolapesto gibt es vielerlei Variationsmöglichkeiten: einfaches Pesto ohne Parmesan und Nüsse, nur mit Öl; oder Pesto mit Parmesan, oder Pesto mit Nüssen und Parmesan …
Experimentieren Sie auch einmal mit verschiedenen Ölen! Von Rapsöl über Sonnenblumen-, Walnuss-, Haselnussöl bis zum Sesamöl gibt es vielerlei geeignete Sorten. Eine Mischung von Haselnussöl und Sonnenblumenöl zu gleichen Teilen ergibt zum Beispiel eine hervorragende Geschmacksvariante.

RUCOLABUTTER

ZUTATEN
- *2 Bund Rucola*
- *1 unbehandelte Zitrone*
- *200 g zimmerwarme Butter*
- *2 Knoblauchzehen*
- *Salz, Cayennepfeffer*

1 Rucola verlesen und die dicken, groben Stiele entfernen. Blätter waschen, trockentupfen und sehr fein schneiden oder im Mixer bei langsamer Geschwindigkeit hacken. Zitronenschale abreiben und den Saft auspressen.

2 Butter schaumig rühren. Knoblauchzehen abziehen und durch die Knoblauchpresse zur Butter drücken.

3 Rucola und Zitronenschale dazugeben und alles gut vermischen.

4 Die Mischung mit Salz, Cayennepfeffer und etwas Zitronensaft abschmecken.

TIPP Auf warmen gerösteten Brotscheiben ist diese Butter ein Hochgenuss.

SALSA RUCOLA

ZUTATEN
- 1 grüne Paprikaschote
- 3 eingelegte Sardellenfilets
- ½ Zwiebel
- 1 Knoblauchzehe
- 2 Bund Rucola
- 40 g Kapern
- 100 ml Olivenöl
- Saft von ½ Zitrone
- Salz

1 Grillfunktion des Backofens auf die höchste Stufe stellen. Paprikaschote auf einem Backblech unter den Grill legen, bis die Haut Blasen schlägt. Die Paprikaschote in ein feuchtes Geschirrtuch einwickeln und abkühlen lassen. Die braune Haut abziehen, die Schote halbieren, Kerne und Zwischenwände entfernen und das Paprikafleisch in Würfel schneiden.

2 Sardellenfilets ganz fein schneiden. Zwiebel und Knoblauchzehe abziehen und fein hacken. Rucola waschen, trockentupfen und klein schneiden.

3 Alle vorbereiteten Zutaten und die Kapern mit dem Mixstab zu einer feinen Masse verarbeiten, dabei das Öl nach und nach zufügen. Die Salsa mit Zitronensaft und Salz abschmecken und in ein gut verschließbares Glas füllen.

TIPP Diese kalte pikante Sauce passt wunderbar zu gekochtem Fleisch und zu Gemüsegerichten. In einem sauberen, gut verschlossenen Glas hält sie sich einige Tage im Kühlschrank – ideal fürs Grillfest. Bereiten Sie die Sauce vor, wenn Sie Zeit haben. Sie passt auch gut zu gegrilltem Fleisch und Gemüse.

PIKANTE RUCOLA-NUSS-SAUCE

ZUTATEN
- 1 Zwiebel
- 2 Knoblauchzehen
- 2 getrocknete Chilischoten
- 50 g Haselnüsse
- 3 Fleischtomaten
- 2 Bund Rucola
- 4 EL Olivenöl
- Salz, Pfeffer

1 Zwiebel und Knoblauchzehen abziehen und fein hacken. Chilischoten zerbröseln, Haselnüsse hacken.

2 Tomaten waschen, vom Stielansatz befreien und würfeln. Rucola verlesen und die Stiele entfernen. Die Blätter waschen, trockentupfen und klein schneiden.

3 Olivenöl erhitzen und Zwiebel, Knoblauch und Chilis darin anbraten. Die Nüsse zugeben und im Öl schwenken. Tomatenwürfel und Rucola zufügen und kurz mitschmoren lassen. Die Sauce mit Salz und Pfeffer abschmecken.

TIPPS
- Anstelle der Haselnüsse kann man ebenso Mandeln oder Walnüsse verwenden.
- Servieren Sie diese pikante Sauce zu al dente gekochten Nudeln, und geben Sie geriebenen Parmesan dazu.

ÜBER DIESES BUCH

Für die Unterstützung bei der Fotoproduktion danken wir Herrn Ernst Soldan. Der gebürtige Schweizer erkochte sich bereits 1974 einen ersten Michelin-Stern und behielt diesen, wie keiner vor ihm, 24 Jahre lang. Neben vielen internationalen Auszeichnungen wurde er unter anderem auch zum Koch des Jahres gewählt.
Seit 1999 bildet er mit Karl Newedel ein perfektes Team.

Die Autorin
Gertrud Weidinger unterrichtet nicht nur seit vielen Jahren an der Grundschule, sondern ist auch als Autorin zahlreicher Bücher bekannt geworden. Mit »Rucola & Bärlauch«, ihrem ersten Kochbuch, ist es der leidenschaftlichen Köchin gelungen, ihre zahlreichen Talente in einem Buch zu vereinen. Gertrud Weidinger lebt bei München.

Der Co-Autor
Peter Brunner, Jahrgang 1963, seit 1979 Koch und Kellner aus Leidenschaft. Er durchlief nach der Kochlehre viele Stationen in namhaften Hotelküchen. Ab 1995 war er Küchenchef in verschiedenen Häusern der ArabellaSheraton Hotelgruppe. Seit 2001 arbeitet er als Küchenchef im ArabellaSheraton-Hotel Westpark, München.

Die Illustratorin
Beate Brömse ist Illustratorin und Malerin. Sie arbeitet für zahlreiche Verlage, und ihre Arbeiten wurden u.a. in »graphis annual« und »novum« veröffentlicht. Beate Brömse lebt in München.

Der Fotograf
Karl Newedel, Münchener Fotodesigner, sammelte nach seiner Ausbildung zum Koch nationale wie internationale Erfahrungen in großen Häusern, bevor er sich 1982 als frei schaffender Food-Stylist einen Namen machte. Seit 1996 agiert er selbst hinter der Kamera und gibt zahlreichen Büchern ein unverwechselbares Gesicht.

Haftungsausschluss
Die Inhalte dieses Buches sind sorgfältig recherchiert und erarbeitet worden. Dennoch kann weder die Autorin noch der Verlag für die Angaben in diesem Buch eine Haftung übernehmen.

Bildnachweis
Alle Fotos: Karl Newedel, München, mit Ausnahme von: Annette Hempfling, München: 2, 10–13; Reinhard-Tierfoto, Heiligkreuzsteinach: Einklinker Bärlauchkorb Titelbild, 93

Impressum

Weltbild Buchverlag –Originalausgaben–

Steinerne Furt 67, 86167 Augsburg
3. Auflage 2004

Projektleitung: Dr. Ulrike Strerath-Bolz
Redaktion: Dorothea Steinbacher
Bildredaktion: Susanne Allende
Umschlaggestaltung: X-Design, München
Innenlayout: Lydia Koch, Augsburg
Satz: Dirk Risch, Berlin
Druck und Bindung: Offizin Andersen Nexö Leipzig GmbH, Spengleralle 26–30, 04442 Zwenkau

Gedruckt auf chlorfrei gebleichtem Papier

Printed in Germany

ISBN 3-89604-813-9

Küchentipps

Mit den folgenden Tipps und Tricks gelingen Ihre Lieblingsrezepte noch besser.

Professionelle Spargelzubereitung

Die weißen Spargelstangen vorsichtig am Kopf fassen und mit Hilfe eines Spargelschälers sehr genau die Schale entfernen. Bitte beachten Sie, dass der Spargel nicht bricht und keine Fäden am Spargel bleiben; das trübt den Genuss.

Für das Kochwasser reichlich Wasser in einem großen Topf – die Spargelstangen müssen eingelegt werden können – zum Kochen bringen, dieses Wasser mit Salz und Zucker zu gleichen Teilen würzen, ein Butterflöckchen zugeben, dann den Spargel in das kochende Wasser einlegen, kurz aufkochen lassen, die Hitze zurücknehmen und den Spargel etwa 15 Minuten ziehen lassen. Er ist fertig, wenn Sie mit einer Gabel die Stangen leicht aufspießen können.

Natürlich grün

Profiköche benutzen zum Steigern des Farbeffekts bei grünen Saucen und Suppen gern fein pürierten rohen Blattspinat, der eine kräftige grüne Farbe abgibt. Probieren Sie's an Ihren Suppen oder Saucen einmal aus! Für vier Portionen Suppe brauchen Sie etwa 100 Gramm Blattspinat, den Sie fein pürieren und ganz zum Schluss heiß unter die Suppe mischen.

Feines mit Eiern

Rühreier und Omeletts sind wohl die einfachsten Speisen, die Sie mit Rucola und/oder Bärlauch verfeinern können. Außerdem sind sie schnell zubereitet und kosten nicht die Welt. Damit Ihr Rührei oder Ihr Omelett schön locker wird, geben Sie immer einen Schuss Mineralwasser in die angerührte Eiermasse. Wenn Sie Milch zugeben, werden Omelett und Rührei eher fester.

Ganz dezent

Sie wollen nur einen Hauch Bärlauch an einer Speise? Kochen Sie die Blätter oder Zehen im Ganzen mit, und entfernen Sie sie vor dem Servieren.

Zarte Blütensterne und saftiges Grün – so erfreut der Bärlauch die Genießer im Frühling.

Unsere Rezepte werden von erfahrenen Fachautoren kreiert und erprobt. Wir freuen uns jedoch über Anregungen, Tipps oder Kritik und helfen bei Fragen gern weiter. Bitte wenden Sie sich an:

Weltbild Buchverlag
Steinerne Furt 67
86167 Augsburg

oder schicken Sie uns eine E-Mail an:
Gabriele.Beck@weltbild.com

ABKÜRZUNGEN

cl = Zentiliter
EL = Esslöffel
g = Gramm
kg = Kilogramm
l = Liter
ml = Milliliter
TL = Teelöffel
TK = Tiefkühlware

MENGEN, MASSE UND GEWICHTE

Schnell ausgelöffelt

Lebensmittel	Menge in Gramm 1 Teelöffel (gestrichen)	1 Esslöffel (gestrichen)	1 Esslöffel (gehäuft)
Wasser, Sahne, Milch	5	15	
Öl	4	10	
Mayonnaise, Quark, Créme fraîche	10	20	30
Butter, Margarine	6	15	25
Senf, Ketchup	5	15	25
Mehl, Speisestärke	3	10	15
Kakao, Backpulver	3	5	8
Salz	4	10	20
Zucker	5	15	25
Grieß	5	10	20
Haferflocken, Semmelbrösel	3	6	10
Reis, Nudeln	4	10	15
Reibkäse	3	5	8
Mandeln, Nüsse (gerieben)	3	8	16
Konfitüre, Gelee	17	30	50
Honig	7	15	20

Wie viel für vier Personen

Suppe als Vorspeise	1 Liter
Suppe als Hauptgericht	2 Liter
Suppenfleisch/Tafelspitz mit Knochen	$^1/_2$–1 Kilogramm
Fleisch zum Braten	750 Gramm
Hackfleisch für Fleischbällchen	500 Gramm
Fisch (im Ganzen)	1 Kilogramm
Fischfilet	750 Gramm
Gemüse (ungeputzt)	1 Kilogramm
Gemüse (geputzt, als Rohkost)	600 Gramm
Kartoffeln als Beilage	750 Gramm–1 Kilogramm
Reis oder Nudeln als Beilage	200–250 Gramm
Reis oder Nudeln als Suppeneinlage	20–30 Gramm

Flüssig, aber nicht überflüssig

1 Milliliter (ml) = 1 Kubikzentimeter (ccm) = $^1/_{1000}$ Liter (l) = 0,001 Liter (l)
1 Zentiliter (cl) = 10 Kubikzentimeter (ccm) = $^1/_{100}$ Liter (l) = 0,01 Liter (l)
1 Deziliter (dl) = 100 Kubikzentimeter (ccm) = $^1/_{10}$ Liter (l) = 0,1 Liter (l)
1 Liter (l) = 1000 Milliliter (ml) = 100 Zentiliter (cl)
$^3/_4$ Liter (l) = 750 Milliliter (ml) = 0,75 Liter(l)
$^1/_2$ Liter (l) = 500 Milliliter (ml) = 0,5 Liter (l)
$^3/_8$ Liter (l) = 375 Milliliter (ml) = 0,375 Liter (l)
$^1/_3$ Liter (l) = 333 Milliliter (ml) = 0,333 Liter (l)
$^1/_4$ Liter (l) = 250 Milliliter (ml) = 0,25 Liter (l)
$^1/_8$ Liter (l) = 125 Milliliter (ml) = 0,125 Liter (l)
$^1/_{10}$ Liter (l) = 100 Milliliter (ml) = 0,1 Liter (l)

Rezeptverzeichnis

Wenn Sie Bärlauch oder Rucola in Öl einlegen wollen, empfehlen sich dafür, je nach Verwendungszweck, ein kalt gepresstes Olivenöl, kaltgepresstes Rapsöl oder Rapsöl aus der ersten Pressung. Olivenöl passt allerdings im Geschmack nicht zu allen Gerichten. Länger als 6 Monate sollten Sie gerade Olivenöl aber nicht lagern. Kalt gepresstes Rapsöl ist nur für Salate und kalte Speisen geeignet, weil es nicht erhitzt werden kann. Zum Kochen und Braten nehmen Sie Rapsöl aus der ersten Pressung.

Sie suchen weitere Informationen? Die Zeitschrift »kraut & rüben« vom April 2002 bietet allerlei Wissenswertes um unsere frühlingsfrischen Würzkräuter.
Wenn Sie Rucola oder Bärlauch selbst ziehen wollen, werfen Sie doch auch einmal einen Blick auf folgende Internet-Seiten: www.net-garden.de, www.ingo.teich.de

P

Q

R

S

T

W

Z